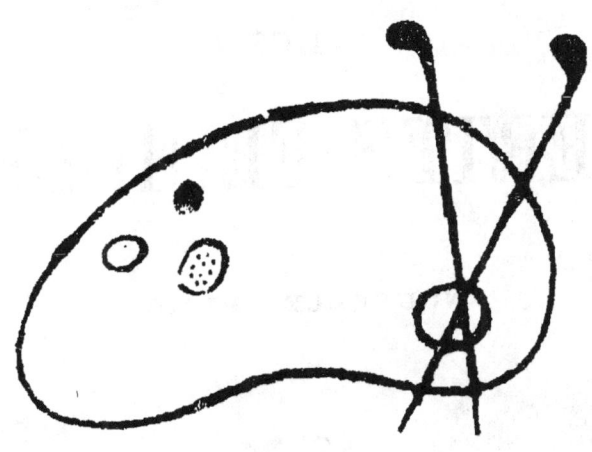

Début d'une série de documents en couleur

Un franc le volume
NOUVELLE COLLECTION MICHEL LÉVY
1 FR. 25 C. PAR LA POSTE

AUGUSTE MAQUET

LES VERTES-FEUILLES

NOUVELLE ÉDITION

CALMANN LÉVY, ÉDITEUR
ANCIENNE MAISON MICHEL LÉVY FRÈRES
RUE AUBER, 3, ET BOULEVARD DES ITALIENS, 15
A LA LIBRAIRIE NOUVELLE

EXTRAIT DU CATALOGUE MICHEL LÉVY

1 FRANC LE VOLUME. — 1 FR. 25 PAR LA POSTE

ED. CADOL — vol.

BERTHE SIGELIN	1
LA BÊTE NOIRE	1
LA DIVA	1
LA GRANDE VIE	1
LES INUTILES	1
PRINCESSE ALDÉE	1
MADAME ÉLISE	1
MARGUERITE CHAUVELEY	1
LA PRIMA DONNA	1

E. DELIGNY

UN BATARD LÉGITIME	1
LES CABOTINS	1
FAMILLE D'ARLEQUINS	1
LE TALISMAN	1

H. DE LATOUCHE

ADRIENNE	1
AYMAR	1
CLÉMENT XIV ET CARLO BERTINAZZI	1
FRAGOLETTA	1
FRANCE ET MARIE	1
GRANGENEUVE	1
LÉO	1
UN MIRAGE	1
OLIVIER BRUSSON	1
LE PETIT PIERRE	1
LA VALLÉE AUX LOUPS	1

CAPITAINE MAYNE-REID, Tr A. Bureau

LES CHASSEURS DE CHEVELURES	1

B.-H. RÉVOIL, Traducteur

LE DOCTEUR AMÉRICAIN	1
LES HAREMS DU NOUVEAU-MONDE	1

W. REYNOLDS

LES DRAMES DE LONDRES.	
— LES FRÈRES DE LA RÉSURRECTION	1
— LA TAVERNE DU DIABLE	1
— LES MYSTÈRES DU CABINET NOIR	1
— LES MALHEURS D'UNE JEUNE FILLE	1
— LE SECRET DU RESSUSCITÉ	1
— LE FILS DU BOURREAU	1
— LES PIRATES DE LA TAMISE	1
— LES DEUX MISÉRABLES	1
— RUIN. DU CHAT. DE RAVENSWORTH	1
— LE NOUVEAU MONTE-CRISTO	1

GEORGE SAND — vol.

ADRIANI	1
LES AMOURS DE L'AGE D'OR	1
ANDRÉ	1
LE BEAU LAURENCE	1
LES BEAUX MESSIEURS DE BOIS-DORÉ	2
CÉSARINE DIETRICH	1
LE CHATEAU DES DÉSERTES	1
LE COMPAGNON DU TOUR DE FRANCE	2
LA COMTESSE DE RUDOLSTADT	2
CONSTANCE VERRIER	1
CONSUELO	3
LES DAMES VERTES	1
LA DANIELLA	2
LA DERNIÈRE ALDINI	1
LE DIABLE AUX CHAMPS	1
LA FILLEULE	1
FLAVIE	1
FRANCIA	1
L'HOMME DE NEIGE	1
HORACE	1
ISIDORA	1
JACQUES	1
JEAN ZISKA	1
JEANNE	1
LAURA	1
LÉGENDES RUSTIQUES	1
LÉLIA — MÉTELLA — CORA	2
LUCREZIA FLORIANI — LAVINIA	1
LES MAITRES MOSAISTES	1
LA MARQUISE	1
MA SŒUR JEANNE	1
LE MEUNIER D'ANGIBAULT	1
NARCISSE	1
PAULINE	1
LE PÉCHÉ DE M. ANTOINE	2
LE PICCININO	2
PIERRE QUI ROULE	1
PROMENADES AUTOUR D'UN VILLAGE	1
LE SECRÉTAIRE INTIME	1
SEPT CORDES A LA LYRE	1
SIMON	1
TEVERINO — LÉONE LÉONI	1
L'USCOQUE	1
LA VILLE NOIRE	1

VALOIS DE FORVILLE

LE COMTE DE SAINT-POL	1
LE CONSCRIT DE L'AN VIII	1
LE MARQUIS DE PAZAVAL	1

Le Catalogue complet sera envoyé franco à toute personne qui en fera la demande par lettre affranchie.

Paris. — Imprimerie J. CATHY, 3, rue Auber.

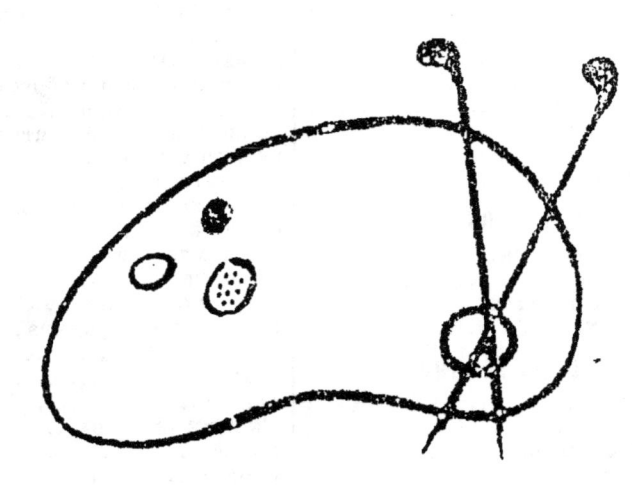

Fin d'une série de documents en couleur

LES
VERTES-FEUILLES

CALMANN LÉVY, ÉDITEUR

DU MÊME AUTEUR

Format grand in-18

LE BEAU D'ANGENNES.	1 vol.
LA BELLE GABRIELLE.	3 —
LE COMTE DE LAVERNIE	3 —
DETTES DE CŒUR	1 —
L'ENVERS ET L'ENDROIT	2 —
LA MAISON DU BAIGNEUR	2 —
LA ROSE BLANCHE	1 —
LES VERTES FEUILLES	1 —

ÉMILE COLIN. — IMPRIMERIE DE LAGNY.

LES
VERTES-FEUILLES

PAR

AUGUSTE MAQUET

NOUVELLE ÉDITION

PARIS
CALMANN LÉVY, ÉDITEUR
ANCIENNE MAISON MICHEL LÉVY FRÈRES
3, RUE AUBER, 3

—

1892

Droits de reproduction et de traduction réservés.

LES VERTES-FEUILLES

I

Au déclin de cette paix menteuse que le roi Louis XV acheta si cher de l'Angleterre, alors que, perdant le Canada, la Louisiane, l'Acadie et les meilleurs comptoirs du Sénégal, nous perdîmes la mer et notre marine, pour longtemps dégoûtée, un de ces marins, le chevalier comte Gilbert de la Blinais, humilié ou plutôt ulcéré dans l'âme, quitta le service et remit son épée au fourreau pour ne pas céder à la tentation de la briser.

Il avait alors soixante ans, ayant employé quarante années à gagner la croix de Saint-Louis et le grade de capitaine de frégate. Il avait vu les grands amiraux et les grandes guerres, mesuré Duguay-Trouin, d'Estrées, la Bourdonnais, et ne se trouvait ni de taille, ni d'âge à commander comme eux une escadre. Et ce n'était même plus un de ces héroïques marins qui eût réussi à sauver le pavillon sous Louis XVI : Duquesne et Tourville n'y eussent pas suffi.

Le vieux Gilbert de la Blinais se retira donc, et, n'étant plus soutenu par l'ambition ni par l'esprit de corps, il commença, le digne capitaine, à sentir sa pauvreté, sa faiblesse et ses blessures ; sa pauvreté, car il s'était à moitié ruiné au service, — ce sera l'éternel honneur de cette noblesse militaire française dont il suivait la tradition ; sa faiblesse, car il avait pris trois fois les fièvres dans l'Inde, et, par moment, les trois fièvres lui revenaient ensemble ; ses blessures : il avait été blessé dans vingt et un combats.

Il tourna ses yeux fatigués du mirage de l'eau vers les prairies et les côtes boisées de son pays natal. Veuf depuis 1774, l'année même de la mort du roi Louis XV, il n'avait qu'un fils dont l'éducation s'était commencée à bord de la frégate paternelle. Il s'agissait de ne pas interrompre la carrière de ce fils bien-aimé et de le pourvoir aussi avantageusement que possible dès qu'il aurait franchi les premiers grades dévolus alors à la noblesse moyenne et aux sujets recommandables ou recommandés. Gilbert de la Blinais laissa son fils à M. de Suffren en qualité de garde-pavillon; il acheta du reste de sa fortune une bonne terre dans le Forez, à peu de distance de la petite ville de Feurs, située à l'embouchure du Lignon. C'était un bien substitué pupillairement dont le titulaire et le substitué venaient de mourir tous les deux. L'héritage retournant à la veuve, mère du pupille, celle-ci, qui voulait entrer en religion, le vendit vite et bon marché pour s'en faire sa dot. L'occasion parut excellente au bon capitaine Gilbert; il acheta vite aussi, trop vite, et paya, imprévoyant comme un jeune homme et naïf comme un marin. A peine eut-il achevé cette importante affaire par laquelle il croyait assurer à jamais l'avenir de son fils et le sien, qu'il courut s'établir dans la terre qui s'appelait les Vertes-Feuilles, y appela son fils au premier congé, lui en fit les honneurs avec une joie qui le rajeunissait de vingt ans, et le soir de cet heureux jour, après l'avoir promené partout comme propriétaire, présenté et fait admirer partout comme voisin ou comme seigneur :

— Mon cher Bertrand, lui dit-il avec une sorte de solennité, voilà ma tâche terminée, vous êtes désormais assez riche si vous êtes raisonnable. Cette terre et ma pension nous suffiront; aussitôt que vous serez nommé enseigne, je vous marierai; alors vous pourrez, et je vous y engage, faire comme moi, c'est-à-dire planter des arbres et vous retirer, avec économie des fièvres et des blessures que, moi, j'ai rapportées du service. De mon temps, il est vrai, on rapportait en outre un peu de gloire et de satisfaction, ce n'est plus de même aujourd'hui. La mer est aux Anglais, et nous faisons de grands détours avec nos pauvres vaisseaux pour éviter leurs escadres qui nous narguent. C'est un affront que je ne veux plus voir, trop affligé déjà de vous y savoir exposé. Si le roi était un aussi habile géographe que vous le dites, il saurait au juste combien de lieues de côtes nous avons perdues depuis 1763, et s'il portait à la marine cet intérêt dont parlent vos gazettes, au lieu de s'enfermer des journées entières avec des petits bateaux de carton pour apprendre ce que c'est que *caillornis*, *garguepoints*, *bredindin* et *funins gargupsins*, toutes choses qu'ignorait certainement Louis XIV, il signerait trois lignes pour faire mettre en chantier quinze à vingt vaisseaux chaque année, trois autres lignes pour redemander aux Anglais le Canada et le Sénégal, et alors... Mais en voilà assez, nous avons la paix, les douceurs de la paix, comme disent vos philosophes. Nous avons cette propriété qui est un paradis; devenez promptement enseigne pour trouver un bon parti, et me faire voir enfin mes petits-enfants, auxquels je construirai aussi des bateaux de carton que les Anglais ne viendront pas prendre, je l'espère, sur la pièce d'eau des Vertes-Feuilles.

Toutes ces saillies du comte Gilbert agitaient doucement l'esprit de son fils. Bertrand de la Blinais souriait en les écoutant. La jeunesse compatit médiocrement aux doléances du passé, entraînée qu'elle est vers l'avenir qui lui appartient. Le futur enseigne ne désespérait pas si vite que son père. Ce temps qui n'était peut-être plus le temps des grands hommes était celui des grandes idées; chacun alors, parmi cette jeunesse qui a l'ouïe fine et la vue perçante, chacun en France entrevoyait à l'horizon le rayonnement d'une aube et entendait dans le sillon le sourd travail des germes. L'étincelle que le vieux Gilbert croyait morte jaillit soudain quand il ne l'attendait plus, et la guerre d'Amérique, cette aurore, illumina deux mondes à la fois.

Bertrand de la Blinais prit part avec un enthousiasme presque religieux à cette guerre dans laquelle pour la première fois depuis bien des siècles le mot de liberté s'était écrit sur un drapeau vainqueur. Il y gagna rapidement le grade d'enseigne, et celui de brigadier des gardes du pavillon. Blessé au combat de la Praya, il obtint un congé de quelques mois pour se rétablir, et, comme six semaines avaient suffi à son entière guérison, le vieux comte Gilbert, inquiet de voir aller trop vite maintenant ce pavillon dont il accusait naguère la prudente timidité, retint auprès de lui Bertrand, qui faisait déjà ses préparatifs pour rejoindre l'escadre, et, dans un de ces discours comme en savent seules improviser les mères, un discours de quelques mots entrecoupés de soupirs et de muettes étreintes, il lui déclara qu'il ne partirait pas sans être marié.

Bertrand essaya vainement de démontrer la folie d'un pareil caprice. On l'attendait. On se battait sans lui. Il ne connaissait pas une fille à marier à laquelle il eût serré la main depuis trois ans. Toutes raisons sans réplique assurément, mais le caprice d'un vieillard est tenace comme la plus profonde passion d'un jeune homme. Gilbert avait tout prévu, tout combiné. Il montra au fils impatient son congé valable pour trois mois encore, et lui mit sous les yeux le portrait d'une femme de vingt ans, en disant : Comment la trouvez-vous ?

Il n'était pas possible de répondre autrement que répondit Bertrand de la Blinais. Ce portrait représentait, flatté ou non, la plus parfaite beauté qu'un peintre puisse traduire ou imaginer. Le comte Gilbert, profitant du mouvement d'admiration qui échappa au jeune homme, lui apprit que ce portrait serait celui de sa femme, pour peu qu'il n'y mît pas une trop mauvaise volonté.

— Pendant votre absence, ajouta-t-il, j'ai découvert ce trésor dans notre voisinage. C'est une fille unique, de très-bonne maison, à moitié orpheline, car il ne lui reste que sa mère. Elle a en propre cent mille écus fort bien placés, et moitié autant après la mort de cette mère qui est infirme et valétudinaire. J'ai fait votre cour pour vous, j'ai plu pour vous, je l'espère du moins, et je vous eusse déjà présenté, si vous eussiez été présentable. Mais ce coup de hache dans l'épaule avait en passant quelque peu entamé votre joue gauche, et j'ai préféré attendre pour qu'on vous vît avec tous vos avantages. La mère craint de mourir un jour ou l'autre avant d'avoir assuré un protecteur à sa fille; moi, je crains que vous ne vous fassiez tuer pour vos Américains maudits avant de me laisser un petit-fils qui me console de votre ingratitude. Voyons, Bertrand, ne m'aiderez-vous pas à arranger tout cela?

Cette éloquence ou ce portrait persuada le jeune

marin, il faut bien le croire, puisque deux mois après il épousait mademoiselle Marcelle de Severac. Les vœux du comte Gilbert étaient comblés. Son fils ne tarda pas à rejoindre la flotte; la guerre était alors dans toute sa fureur; le marin ne put quitter son poste et apprit devant Madras la mort de la marquise de Severac, sa belle-mère, et la naissance de son premier fils. Enfin, l'Angleterre vaincue reconnut l'indépendance de l'Amérique. Quelques grands faits d'armes avaient effacé la honte des traités de 1763. On commença à parler de la paix prochaine. Bertrand de la Blinais, nommé lieutenant de vaisseau, fut renvoyé en France avec une division de son escadre, et les préliminaires de la paix entre la France, l'Espagne et l'Angleterre ayant été signés à Versailles le 20 janvier 1783, deux mois après, Bertrand put embrasser son père et sa femme, qu'il n'avait pas vus depuis deux ans, et ce petit enfant dont l'aïeul et la mère lui avaient écrit tant de merveilles.

II

Le paradis du comte Gilbert n'était pas changé. C'était toujours le château octogone riant au soleil, les pelouses déroulées en tapis, d'où s'élançaient des bouquets de sycomores, de marronniers et de mélèzes; c'était toujours, au-dessus du parc plongeant vers la Loire, l'immense perspective des bois et des plaines, horizon clément, océan imperturbable dont la sérénité charmait la vue de ce vieillard habitué aux tempêtes et entretenait en lui un bonheur incessamment ravivé par le contraste des souvenirs.

Mais si tel était resté le domaine, Bertrand trouva le propriétaire bien changé. Le comte Gilbert, en ces quelques années, avait passé de la vieillesse à une caducité inexplicable, puisqu'il se déclarait complétement heureux et que le bonheur parfait maintient l'homme dans une immuable jeunesse. Toutes ses années de fatigues, toutes ses souffrances passées, étaient écrites sur les traits du capitaine Gilbert; on ne l'eût reconnu heureux qu'à son éternel sourire.

Bertrand ne put s'empêcher de communiquer cette impression à sa jeune femme par un regard que celle-ci ne comprit pas sans doute, car elle détourna aussitôt la tête pour embrasser son fils qui ne la cherchait pas en ce moment.

Mais il y avait au fond du cœur du vicomte de la Blinais trop de certitude longtemps accumulée pour qu'il soupçonnât même une ombre sur ce bonheur de tous qu'il allait compléter par le sien. Son père, un peu voûté, un peu pâli, quoi de si surprenant?... C'était la faute du temps et des épreuves. N'était-il pas, ce digne vieillard, parvenu à l'apogée de sa fortune, à la réalisation de tous ses rêves? Marcelle, encore embellie, n'était-elle pas l'ange de cet Éden? Se pouvait-il qu'un père, appuyé au bras d'une pareille fille, un aïeul ému aux premiers pas de ce beau petit garçon trébuchant dans le sable, ne fût pas le plus comblé, le plus enivré des hommes?

Bertrand ne remarqua qu'une seule chose : il comptait trouver un grand luxe, un somptueux état de maison, et la maison de son père, tenue autrefois avec la simplicité d'une mince fortune, était froide et nue comme autrefois. Le nombre des domestiques n'avait pas augmenté; les mêmes chevaux vieillissaient dans l'écurie, où dix stalles étaient vides : rien de changé dans le service; rien de frais, rien de neuf; aucun sacrifice n'avait été fait par le rude marin de ses habitudes stoïques; pas une concession à la jeunesse, aux goûts d'une femme élégante et gâtée dont le beau-père paraissait avoir si ardemment recherché l'alliance. N'était-ce pas le droit de Marcelle de retrouver chez son mari le luxe et les cajoleries de la maison maternelle? N'était-ce pas un procédé bien dur que cette confiscation de la dot au profit d'un coffre-fort dont le beau-père cachait la clef? Toutes ces pensées vinrent assaillir à la fois le vicomte Bertrand lorsqu'il remarqua l'extrême modestie des toilettes de sa femme, sa frugalité étudiée et sa parcimonie même dans le détail des ajustements de ce premier enfant pour lequel les plus pauvres mères sont follement prodigues.

Rien ne pouvait frapper Bertrand plus étrangement, car il s'était attendu à rencontrer tout le contraire. L'idée de cette augmentation de fortune et de bien-être, causée par son mariage, lui était souvent apparue depuis deux années au milieu des privations et des nécessités de la guerre. Simple, non sans une sorte d'affectation comme l'était alors toute la jeunesse patricienne, à l'imitation des républicains du nouveau monde, le vicomte croyait faire sensation à son arrivée aux Vertes-Feuilles, avec ses habits de drap, ses gens sans livrée, au milieu d'un salon peuplé de gentilshommes et de femmes éblouissantes de velours, de soie et d'or ; c'était lui qui comptait, par une douce initiation à la philosophie, réformer le luxe et diminuer les superfluités dans sa maison, lui qui espérait métamorphoser sa brillante Française en une quakeresse qui eût fait sensation dans toute la province par un mélange de *naturel, de charme et de raison*. On n'eût parlé que de ce couple sans poudre, béni des pauvres, adoré des braconniers, restaurateur des droits de l'humanité et de la nature, sages parents d'un fils élevé à l'*Émile* et rabotant des planches. Et cependant le vicomte trouvait une maison si austère, une Française si rigidement modeste, des serviteurs si rares et si rustiques, un équipage tellement réduit à la stricte condition du nécessaire, que Guillaume Penn et Franklin n'eussent été là que des dilapidateurs et des adorateurs d'idoles. Pas une fleur à retrancher de la femme, pas un galon à supprimer chez les valets ou chez le maître, pas un copeau à rogner dans l'éducation de l'enfant.

Le vicomte Bertrand fut bien contrarié de n'avoir rien à réformer. La philosophie n'exclut pas l'ambition de paraître philosophe, et l'on ne saurait nier qu'il se soit mêlé un peu d'orgueil aux bonnes intentions des réformateurs d'alors. Bertrand s'était promis quelques beaux chevaux, — on eût réformé les mauvais, — un certain nombre de laquais plus ou moins consciencieusement élevés à la dignité d'hommes, de grandes réceptions, des dîners solides et longs, à l'américaine, pendant lesquels on eût raconté les voyages, les combats et discuté quelques articles du grand code de l'humanité; les attendrissements du dessert, la joie d'entr'ouvrir de temps en temps une main pleine sur les vassaux et sur les pauvres, car le vicomte avait bon cœur; voilà de charmants rêves bien souvent caressés par le brave marin durant les veillées du banc de quart. Aussi fut-il désappointé, comme nous l'avons dit, et sous l'impression confuse de ce mécompte, remarquant chez sa femme une sorte de tristesse indéfinissable qu'il croyait expliquer par le régime étroit auquel on l'aurait condamnée depuis son mariage, il résolut, au souper, en famille, de consoler Marcelle par quelques manifestations libérales, et d'ébranler un peu chez son père, avec tout le respect possible pour le travers d'un vieillard, l'autorité dont il avait abusé pour mettre une maison riche à la règle d'une communauté pauvre.

Il exposa donc, avec une certaine nuance de taquinerie, des plans tout opposés à ceux qu'il s'était promis de développer en arrivant. Tous ses grands amis, dit-il, étaient résolus à élargir leur vie de campagne d'après les exemples de l'hospitalière Amérique. Là-bas, on avait pour principe de dépenser tous ses revenus. On en faisait deux parts, l'une pour soi et les siens, l'autre pour les malheureux. Il s'agissait de mettre en pratique plusieurs projets destinés à régénérer la société : des fondations, des renonciations, des essais d'agriculture ou d'éducation populaire. La terre des Vertes-Feuilles pouvait devenir une colonie enviée du reste de la France. Lafayette y viendrait, Franklin en remanierait les plans, Washington consentirait à en ébaucher la constitution. Que si la colonie prospérait, on fonderait une succursale en Amérique, où le Congrès accorderait une concession importante. Alors un petit navire deviendrait nécessaire pour les communications; on l'achèterait, il ferait ses frais après la première année; enfin, comme prélude, Bertrand annonçait un voyage à Versailles, d'abord pour être présenté au roi et recevoir la croix de Saint-Louis que M. de Suffren et M. de Rochambeau avaient demandée pour le lieutenant de vaisseau commandant l'*Alceste*, ensuite pour voir Paris, cette métropole des idées, ce foyer de l'émancipation universelle, et en rapporter ce que rapporte la fourmi des greniers à blé où elle pénètre.

Sans compter qu'il était indispensable qu'une jeune femme du rang et de la *fortune* de Marcelle agrandît sa vue et l'accoutumât à la lumière du vrai et de l'utile, que son fils devait puiser d'abord dans ses yeux. C'était le moins qu'on pût rendre à celle qui avait tant apporté dans la famille par sa beauté, sa grâce, son mérite et sa *fortune considérable*. Bertrand appuyait pour la deuxième fois sur cette phrase, lorsqu'il vit flamboyer les regards du comte Gilbert, et au moment où, craignant d'avoir frappé un peu fort d'un côté, il cherchait de l'autre un sourire de reconnaissance chez Marcelle, il fut saisi de la rougeur subite étendue sur les joues de la jeune femme et du tremblement nerveux de ses mains, qui battaient convulsivement la table au bois de laquelle sonnait son anneau de mariage.

— Mais qu'y a-t-il donc? demanda Bertrand à son père.

— Mon fils, répliqua le vieillard avec un tendre et fortifiant regard pour Marcelle, que voulez-vous qu'il y ait?

Marcelle essaya de reprendre courage et de se

dompter elle-même. Ce fut en vain : sous l'œil fixement scrutateur de son mari, elle perdit contenance et ses paupières se remplirent de larmes.

Bertrand fronçait le sourcil, lorsque le comte Gilbert, se levant de table :

— Cette chère fille, dit-il au vicomte, est pleine de sensibilité; elle n'a quitté le deuil que ce matin pour vous recevoir, et la joie de votre arrivée aura un peu ébranlé ses nerfs.

— Remettez-vous, reposez-vous, Marcelle, ajouta-t-il; moi je vais faire un tour de promenade avec votre mari. Donnez-moi le bras, Bertrand.

Et il contraignit ainsi son fils à se lever. Celui-ci ne pouvait détacher ses yeux de la jeune femme palpitante.

— Voilà un étrange dessert! murmura-t-il en cédant à l'impulsion du vieillard qui l'entraînait hors de la salle et essaya de couvrir le bruit de ces paroles par une exclamation sur la beauté du clair de lune.

III

Le comte Gilbert marchait et ne parlait pas. Son fils, impatient, lui demanda l'explication de ce mystère qu'il sentait peser sur la maison depuis son arrivée.

— Tôt ou tard, répliqua lentement le comte, vous eussiez su la vérité. Je ne prétendais point la cacher, je tâchais seulement de vous y conduire sans secousse. Votre surprise, votre insistance sont bien naturelles, mais je ne voulais pas que des explications si délicates eussent lieu en présence de votre femme; vous voyez dans quel état une seule allusion l'a mise.

— Une allusion à quoi, mon père? demanda Bertrand avec un douloureux battement de cœur.

— Vous n'avez cessé depuis tantôt de parler de la richesse de sa dot, de ce qu'elle avait apporté dans notre maison; eh bien, mon cher vicomte, mademoiselle de Severac, qui était riche, en effet, et richement dotée, puisqu'elle pouvait compter sur cent cinquante mille écus en s'installant chez vous, a appris, à la mort de sa mère, que sa fortune avait été mal administrée, que les fonds avaient été engloutis dans le naufrage des Guéménée, que les terres allaient être vendues au profit de créanciers nantis de priviléges, que, en un mot, sa ruine était complète...

Bertrand s'arrêta court au milieu de l'allée, et ce brusque mouvement interrompit le comte. Tous deux se regardèrent alors, le fils nerveux et pâle, le père épiant avec angoisse, l'impression produite par cette brusque révélation.

— Mais, dit le vicomte d'une voix altérée, ce premier payement qui devait être fait dans les six mois de mon mariage, ces deux cent mille livres...

— N'ont pas été versées, répliqua le comte Gilbert.

— Vous ne m'en avez rien fait savoir, mon père.

— Vous ne m'aviez pas interrogé dans vos lettres. Il m'eût été bien dur de mentir; mais il m'eût été plus cruel encore de troubler la tranquillité dont vous aviez besoin pour votre service. Je vous sais inquiet, impressionnable. Au cas où vous m'eussiez questionné sur ce payement, j'étais résolu à vous laisser ignorer le malheur jusqu'à votre retour.

Bertrand étouffa un soupir et crispa convulsivement la main sur laquelle ne s'appuyait pas son père.

— En sorte que... reprit-il.

— En sorte que le chagrin de cette ruine et de la fausse position qui en résulterait pour sa fille a promptement abrégé les jours de madame de Severac. Elle m'avait tout avoué en me jurant qu'elle ignorait l'état de ses affaires au moment où je recherchais pour vous Marcelle, et cette pauvre dame me supplia à genoux de ne pas la soupçonner d'indélicatesse et de ne point faire retomber sur sa fille la responsabilité d'un malheur dont elle est innocente.

Nouveau silence ; nouveau regard anxieux dirigé timidement par le comte Gilbert sur son fils absorbé dans la méditation.

— Vous savez tout maintenant, ajouta le vieillard. Vous connaissez la cause de ce changement que vous avez remarqué en moi ce matin. J'ai beaucoup vieilli, n'est-ce pas? Votre pensée ne m'a pas échappé. Oui, j'ai beaucoup souffert d'avoir trop légèrement agi, d'avoir borné sinon compromis votre avenir en vous choisissant une femme pauvre au lieu d'une femme riche qu'il vous fallait... La faute en est à moi, à moi seul, qui, dans ma précipitation, n'ai pas pris les renseignements nécessaires. Il vous faudra me pardonner, mon fils, et cette erreur et la promesse solennelle que j'ai faite à madame de Severac, lorsqu'à son lit de mort elle me recommanda sa fille.

Ces derniers mots furent prononcés avec une émotion qui arracha Bertrand à sa torpeur, et son cœur se trouva réveillé le premier.

— Ainsi, voilà la raison, dit-il, du trouble et des frissons de Marcelle?

— Je le suppose, mon fils.

— Comment! vous ne faites que supposer, monsieur le comte! répliqua Bertrand avec une légère ironie ; n'avez-vous pas la confiance de ma femme, et ne savez-vous pas à quoi vous en tenir sur les sentiments qu'elle a dû témoigner lorsque vous vous êtes expliqués tous deux à propos de cette affaire?

— Mais, répondit froidement le comte Gilbert, il n'y a jamais eu d'explication entre Marcelle et moi; vous pensez bien que jamais je ne lui en ai dit un mot.

Le fils regarda à son tour, et, devant la majesté simple de cette déclaration, il s'inclina.

— D'ailleurs, continua le vieux capitaine, il ne s'est point passé depuis ce moment un jour heureux ou même calme pour cette enfant. Elle a perdu sa mère, — irréparable malheur! — elle a perdu sa fortune, et, sans la regretter pour elle-même, car il n'y a pas une âme plus noblement désintéressée, elle vit ou plutôt elle végète dans le désespoir de représenter à vos yeux un mécompte, dans l'appréhension de vous en voir souffrir. Cette idée la mine; je le sentais bien, mais je n'ai pas voulu qu'elle pût s'en apercevoir. Elle me met cependant à une torture perpétuelle par sa réserve, par son avarice sublime. J'eusse aimé à paver d'or chaque endroit où elle fait un pas, pour lui rendre le repos en lui prouvant mon mépris de la richesse, mais je suis pauvre et vous avez un fils dont nos économies sont la fortune. Grâce à Dieu, depuis deux ans, je n'ai pas regardé Marcelle une fois sans lui sourire. Aujourd'hui, mon fils, vous voilà revenu, vous êtes le maître, et c'est à vous de décider comment vous en agirez avec votre femme.

Le vicomte Bertrand prit et retint dans les siennes la main froide du vieillard, dont la voix avait tremblé en prononçant ces derniers mots.

— Mon père, dit-il, vous souvenez-vous du jour où nous nous trouvâmes abordés par cette frégate anglaise, à la hauteur de Madagascar? Je fis d'abord mauvaise mine au feu, que je voyais pour la première fois; à la fin du combat, j'avais retrouvé mes couleurs, et je sautai derrière vous à l'abordage. Eh bien aujourd'hui, ma philosophie a vu le feu pour la première fois; si j'ai mal soutenu le vent du boulet, pardonnez-moi ; c'est fini, et ce que le père a fait, le fils le fera, je vous en réponds.

Aussitôt, de sa voix mâle et animée, qui traversa les ondes sonores de la nuit :

— Marcelle! cria-t-il en se tournant vers la maison dont une fenêtre était tristement éclairée. Marcelle! ne descendez-vous pas faire un tour de promenade avec nous? Vous nous manquez, venez donc!

La fenêtre fut bientôt ouverte.

— Me voici! murmura timidement la jeune femme.

Bertrand alla au-devant d'elle, lui prit et lui baisa la main sans affecter plus de tendresse qu'à l'ordinaire. Elle regardait, partagée entre la peur et la joie, car elle devait s'attendre au résultat tant redouté de l'explication. Mais, chez le fils pas plus que de la part du père, elle ne surprit un geste ni un mot qui ne fût caressant et libre de contrainte. La promenade dura longtemps ; le comte semblait avoir retrouvé, ce soir-là, ses forces et sa jeunesse. Et depuis, Marcelle ne se sentit plus embarrassée que de ses scrupules et de sa propre défiance. Elle eût été moins respectée chez elle, si les cent cinquante mille écus, fidèlement payés par sa famille, eussent fait de son mari le plus riche gentilhomme de la province.

Bertrand de la Blinais mit tout son orgueil, un

noble et courageux orgueil, à dissimuler sa blessure. Elle était cependant profonde; et, malgré les véritables trésors de bonheur apportés en dot par cette femme, belle, douce et sage, le lieutenant de vaisseau se sentit bien des fois étouffer dans ce coin de terre changé pour lui en tombeau — le tombeau de son ambition et de sa liberté.

Quant au comte Gilbert, qui en avait depuis longtemps pris son parti, il se trouvait assez riche du revenu de la terre, et Marcelle lui convenait beaucoup mieux pauvre. Le vieux marin, avec le naïf égoïsme de son âge, s'accommodait fort des soins empressés, du zèle plus que filial de sa bru, et, s'il faut le dire, de son idolâtrie; car, si Marcelle aimait son mari, elle adorait son beau-père. C'est à lui qu'elle rapportait le bonheur et la tranquillité de sa vie; c'est lui qu'elle payait du sacrifice imposé à Bertrand. Elle avait suivi le vieux comte dans chaque détail de l'enquête financière qui avait révélé sa ruine. Elle l'avait éprouvé délicat, brave et bon ; sa reconnaissance n'eût reculé devant aucune exagération, en sorte que, d'elle au vieillard, c'était une entente absolue du regard, du sourire et de la pensée. Rarement ces deux amis échangeaient des phrases complètes. Ils n'avaient besoin que de se voir pour se comprendre, et encore, bien souvent, dans les accès imprévus de sa fièvre ou de sa goutte, le comte avait-il été frappé de voir tout à coup entrer chez lui Marcelle, avertie à distance par son insurprenable sympathie, et apportant, comme si on le lui eût demandé, le calmant ou le cordial dont le malade allait avoir besoin.

La bonne intelligence de ces deux créatures tenait encore à d'autres causes et aboutissait à d'autres résultats. Marcelle, élevée en fille de condition, d'après les usages de la noblesse de province, représentait exactement la somme et la nature des idées d'après lesquelles le comte Gilbert avait dirigé toute sa vie. C'était l'attachement inviolable et, pour ainsi dire, consubstantiel aux vieux principes, l'exclusion de tout examen en matière de foi ou de gouvernement, l'ignorance entêtée de toute doctrine philosophique. Madame de Severac avait toujours pensé ce que pensait encore le comte Gilbert ; même respect religieux pour le passé, même terreur du nouveau, dont ils s'écartaient comme la raison effrayée s'écarte du délire, avec cette nuance de plus, que, pour eux, l'idée nouvelle était un sacrilège en même temps qu'une démence. Ainsi voyaient et s'exprimaient alors la plupart des hommes du rang et de l'âge du comte Gilbert, que les systèmes à la mode irritaient et blessaient comme attentatoires à l'ordre, à la discipline, aux droits de l'autel et du trône, aux priviléges de la noblesse ; ainsi avait été élevée Marcelle, devenue la femme du philosophe américain Bertrand, et qui, ayant passé trois mois à peine avec son mari, tandis que les vingt ans de sa vie s'étaient écoulés près de sa mère et de son beau-père, n'avait pas même été effleurée dans ses principes par les théories du vicomte pendant ces trois mois de miel qu'il n'avait certainement pas employés à lui donner leçon de philosophie.

Cette complète harmonie de sentiments entre la bru et le beau-père pouvait-elle s'étendre aussi complète à un troisième dans le ménage? C'était une difficulté que l'amour seul eût résolue. Mais l'amour est ombrageux ; il se cabre devant un simple étonnement, et Marcelle éprouva cet étonnement à l'arrivée de son mari. Tant d'austérité chez le fils quand il y avait chez le père tant de bonhomie et de familiarité, la transition parut brusque. Marcelle regarda ce moraliste de trente ans avec des yeux effarés, il lui imposa ; elle sentit parfois un vague besoin d'aller se réfugier dans le sein du vieux père. Celui-là pouvait comprendre une femme ; il était du temps où on savait les aimer. Les femmes veulent des hommes qui se fassent adorer, et non des hommes qui se fassent admirer. Pour ce mari irréprochable, l'admiration de Marcelle fut sans bornes, la reconnaissance égale à l'admiration, le dévouement poussé jusqu'à la soif du martyre, et, certes, le vicomte Bertrand n'ambitionnait pas d'être aimé au delà.

Peut-être Marcelle avait-elle deviné chez son mari l'impression glaciale du mécompte que plus tard il essaya héroïquement de racheter. Ce n'avait été, d'ailleurs, qu'une ombre, un frisson, un point. Souvent, il est vrai, on ne voit qu'un point sur le fruit dont un ver a entamé le cœur. Quoi qu'il en soit, car nous racontons une histoire sans résoudre des problèmes, la plus douce sérénité succéda chez les seigneurs de la Blinais à la menace éphémère de cet orage de famille, et jamais nappe d'azur plus harmonieuse et plus caressante à l'œil ne plana sur des gens heureux.

IV

Il y avait deux mois environ que le vicomte Bertrand était revenu aux Vertes-Feuilles; on entrait en mai, la saison des baumes. Le domaine était splendide; le comte Gilbert, assis une serpe à la main devant l'une de ses charmilles, s'occupait à combattre les goûts de son fils, qui souhaitait passionnément de rompre l'alignement des allées tirées au cordeau, de les hacher par des courbes, et de promener dans le quadrilatère immense du parc tout un système kaléidoscopique de méandres, de massifs, d'accidents, de ponts ou de colonnes tronquées; il demandait, au lieu du grand bassin à margelle de pierre verdissante et du jet d'eau soufflé par un Glaucus bronzé, le cours capricieux d'un ruisseau, des obstacles, des chutes, çà et là un tronc d'arbre jeté *par hasard* d'une rive à l'autre, des points de vue, des fourrés inextricables, en un mot un jardin anglais. Il hasarda ce malheureux mot.

— Allons donc! murmura le comte, qui venait d'écouter gravement l'énumération de ces merveilles. Voilà le grand mot — un jardin anglais! Décidément, Bertrand, aimez-vous à ce point les Anglais, que vous cherchiez à être chez eux lorsque vous êtes chez vous?

— Mon père, aujourd'hui l'on prend aux gens ce qu'ils ont de bon, et l'on fait bien; que ne prenons-nous pour la France tout ce qu'il y a d'excellent ailleurs?

— Oui, répliqua le vieux Gilbert, dont les traits s'assombrirent. On trouve la France bien mauvaise, n'est-ce pas? Je me souviens cependant du temps où toute l'Europe l'aimait si fort, que nul prince ne s'en pouvait passer. Les jardins mêmes semblaient assez réussis pour que les Anglais demandassent à Louis XIV ses dessinateurs. Versailles avait son mérite peut-être.

— On le change totalement, répliqua le vicomte, ou du moins, à côté de ce qu'il serait impossible de changer, on fait tout autre chose. Ainsi la reine, qui a du goût, construit, dit-on, dans le Petit-Trianon, tout un hameau pareil aux plus charmants de l'Angleterre, et ce sera le plus délicieux paysage.

— Elle n'aura pas grand'peine, la reine, grommela Gilbert. Avec le ciel de notre pays, on fait tous les paysages qu'on veut. Mais, de bonne foi, vicomte, est-ce que vous songeriez sérieusement à me faire aimer ce que j'ai haï et combattu toute ma vie? Je vous passe les Américains, composons.

Bertrand soupira comme un homme qu'étouffent de grosses pensées. Justement Marcelle entrait sous la charmille, traînant son petit Gilbert par la main. Elle avait entendu.

— Voyons, ma fille, demanda le capitaine, trouvez-vous que j'aie tort?

Marcelle comprit aussitôt le danger d'exprimer non-seulement la vérité, mais une opinion quelconque. En soutenant l'un des interlocuteurs, elle blessait l'autre ; la pauvre femme se gara du danger le plus sérieux, elle prit parti pour Bertrand.

— Ces jardins anglais sont gais, dit-elle.

— Je parle des Anglais et non des jardins, interrompit le comte Gilbert, étonné d'avoir Marcelle contre lui.

— Oh! si l'on parle de gens qui ont failli vingt fois tuer mon père et une fois défigurer mon mari, je demande à ne point entrer dans la conversation.

Bertrand, très-satisfait de la petite mine railleuse de sa femme, reprit courage et revint à la charge.

— En vérité, dit-il, mon cher père, mettons-nous un peu à la mode. Discutez mes idées, mais ne les repoussez pas sans examen. L'idée, c'est la lumière ; ne pas admettre la lumière, c'est...

— C'est moisir, n'est-ce pas?... Bah! dites-le, je vous fais moisir ici, dans ces trois cents arpents.

— J'aime à penser, monsieur, dit Bertrand d'un ton quelque peu superbe qui fit froid à Marcelle.

— Ne le pouvez-vous sous nos allées?

— J'y pense blanc l'hiver et noir l'été, et toujours

tout droit, ajouta le philosophe avec un flegme de quaker.

Le comte Gilbert se mit à rire si gaiement, que Marcelle, emportée, — elle avait vingt ans, — partit du même élan, du même cœur, et tous les deux obéirent pendant une minute à cet entraînement nerveux, irrésistible même aux dieux du temps d'Homère.

Bertrand les regardait avec une profonde commisération, et c'est un sentiment patient et sobre de paroles. Le comte Gilbert le devina.

— Ma fille, dit-il, ne donnons pas mauvaise idée de notre intelligence à ce grand penseur; il croirait que nous rions parce que nous ne pensons pas. Je veux lui prouver que le parc français est le plus beau des parcs. Je veux lui prouver qu'un homme français doit s'y trouver le plus heureux des hommes. Enfin, je lui démontrerai que ce parc doit rester tel qu'il est, d'abord parce qu'il m'a plu ainsi le premier jour où je l'ai vu, ensuite....

— C'est une raison qui dispense des autres, interrompit Bertrand avec un sourire forcé, on s'y soumet, sans être convaincu pour cela que vous-même, monsieur, vous trouviez plus de bonheur dans une allée droite que dans une courbe, plus de jouissance devant un quinconce que devant un massif, plus d'agrément sous le vent d'un bassin croupissant que sur les bords d'une petite rivière gazouillante.

Marcelle vint s'appuyer sur le bras de son mari pour magnétiser ses nerfs trop irritables. Par cette manœuvre, elle se plaçait en face du vieux comte et agissait sur lui par le regard comme sur l'autre par la pression.

Les deux partis subirent instantanément ce charme pacificateur.

— Tenez, Bertrand, dit le comte Gilbert, aux genoux duquel essayait de grimper son petit-fils, ne mêlons pas des choses hétérogènes, comme on dit en chimie. Vous mettez partout la philosophie et la politique, je n'en veux nulle part. Vous me demandez de vous faire ici un petit Niagara pour représenter votre Amérique chérie, en souvenir de Washington et de Lafayette : j'ai peur de Lafayette et de Washington, non pas en Amérique, où tout est neuf, tout à faire, mais en France, où, pour avoir du neuf, il faut détruire le vieux. Pour me changer mon parc à votre goût, vous allez couper les promenades, trancher les terres, faire des trous énormes et jeter bas les vieux quinconces dont les arbres sont mes amis. Cette solitude où je me plais, vous l'emplirez de brouettes, de chevaux piétinant dans les moellons et dans la glaise, d'ouvriers qui feront semblant de travailler et qui mangeront nos cerises et nos groseilles vertes. Les eaux, que vous désirez métamorphoser en naïades gazouillantes, commenceront par inonder tout le domaine, affreux marécage dans lequel je pataugerai pendant deux ans au moins. Il faudra bien deux ans, n'est-ce pas, pour tout détruire et ensuite rétablir l'ordre dans ce chaos? Ces deux ans, les vivrai-je, Bertrand? Quand j'aurai supporté ce trouble, verrai-je le retour de la sérénité? Écoutez-moi, car, jusqu'à présent, je ne vous parle que de ma terre, et, si je parle en égoïste, l'égoïsme du vieillard est sacré : ses minutes sont comptées, mon fils. Mais, si nous passons de mon petit royaume au royaume de France, dans lequel votre philosophie et votre réforme veulent faire entrer tant de brouettes et tant de démolisseurs, si vous en appelez, pour me convaincre, à mes idées de bon citoyen, ah! Bertrand, j'ai été élevé à n'être un citoyen que sur le champ de bataille et dans le conseil. Hors de là, je loue le roi ou je blâme le roi, mais je ne touche pas au roi.

— Qui donc toucherait au roi? s'écria le vicomte avec une indignation sincère. Est-il un plus sage, un plus chaleureux ami du peuple et de la liberté? Notre roi, mais on l'adore! C'est son bonheur que nous voulons, comme il veut le nôtre. Nous sommes unis dans une même pensée pour atteindre un même but. Je voudrais bien voir qu'on parlât de toucher au roi ! — qu'on y touche !

— C'est comme si vous me disiez, mon cher Bertrand, le jour où vous mettrez la pioche et la cognée dans Vertes-Feuilles, qu'on ne touchera pas au comte Gilbert. Qu'en savez-vous ? Répondez-moi qu'un arbre parmi ceux que vous abattrez ne viendra pas tomber sur ma tête.

— Oh ! murmura le vicomte, que l'argument fit sourire, je réponds de vous dans votre parc comme du roi dans son royaume. Si vous n'avez pas d'autre objection à faire, mon père, Vertes-Feuilles sera jardin anglais.

— Et la France, un royaume anglais aussi ?

— Monsieur, ce sont les meilleurs Français qui mettent en ce moment la main à l'œuvre. Comptez sur leur patriotisme et sur leur générosité. Ceux que vous avez vus quitter la douceur d'une vie de plaisirs et de luxe pour courir par delà les mers au secours d'un peuple opprimé, ne sont-ils pas la fleur de la noblesse française ? Ces jeunes gens n'avaient rien à gagner en Amérique que des coups et de l'honneur. Songez qu'ils vous rapportent dans les plis de leur drapeau la régénération du monde. Un peu d'indulgence pour nos idées, monsieur; l'enfant que vous caressez en ce moment, votre petit Gilbert, recueillera le prix de nos peines. Et vous, qui êtes la charité, la vertu et l'honneur mêmes, vous qui avez tout fait pour la gloire de ce pays, laissez-nous faire à notre tour quelque chose pour sa liberté, pour son bonheur. Imitez en cela Louis XVI, qui comprend si bien son rôle. Ses ancêtres ont conquis, il améliore; aidez le roi, monsieur, aidons-le tous!

Le comte Gilbert regarda tristement son fils. La conviction chaude et généreuse brillait sur ce mâle visage. L'accent de l'irrésistible vérité avait touché au cœur non-seulement Marcelle, surprise de se sentir émue, mais le vieux gentilhomme, dont cette langue, après tout, était la langue. Comment nier, en effet, la noblesse du sacrifice offert aux peuples par ces héros du progrès et de l'indépendance? comment se soustraire à la signification de ces symptômes?

— Soit, répondit le comte Gilbert: imitons et aidons le roi. Il réforme, il améliore, mais peu à peu, lentement; améliorons lentement Vertes-Feuilles; contentons-nous d'avoir, par degrés, un peu plus d'ombre où vous voulez de l'ombre, un peu plus d'eau où vous souhaitez d'avoir de l'eau; faites-la même marcher, cette eau, mais pas trop vite. Si quelques-uns de mes arbres gênent les points de vue nouveaux que vous ambitionnez, tâchez de les faire disparaître sans bruit, sans convulsions, pendant que je dormirai; ne faisons pas tout à la fois.... faisons le moins possible, je vous en prie, car autrement vous me changeriez ma vie en même temps que mes allées. Or, si je marche encore quelquefois, c'est à la condition de trouver toujours sous mes pas un terrain connu. Passer sur vos ponts rustiques, franchir vos pentes escarpées, grimper sur vos tourelles à la Marlborough, mes vieilles jambes n'y suffiront jamais; et comme, d'ailleurs, vous pouvez attendre, vous autres qui êtes jeunes, attendez que je n'y sois plus; je me trouve si bien ainsi! Un peu de patience. Après moi la fin! disait le feu roi Louis XV. On lui a bien reproché ce mot, je ne veux pas le répéter, et je vous dis au contraire : Après moi le commencement du monde! Mon cher Bertrand, faites cela pour moi.

Attendris l'un et l'autre par l'idée touchante qui se cachait sous l'égoïsme prétendu de cette dialectique, le père et le fils conclurent, en s'efforçant de rire, une trêve illimitée. Bertrand convint que les Vertes-Feuilles étaient une transition très-supportable au paradis qu'il méditait, et le comte Gilbert fit un éloge de Franklin quant au paratonnerre. Marcelle, radieuse de voir la paix signée et tous les visages éclaircis, suspendit une de ses petites mains à chacun des bras qu'on lui offrait. Elle avait grand'faim, dit-elle, et c'était l'heure du dîner. En conséquence, elle entraînait vers la salle à manger la France et l'Amérique.

—Mais, s'écria tout à coup le vieux capitaine, nous ne pouvons nous mettre à table sans Médard. C'est aujourd'hui mercredi, c'est son jour, et il n'est pas arrivé encore, ce qui m'étonne, par parenthèse.

—J'avais oublié Médard, dit le vicomte.

Marcelle répéta gravement : —J'avais oublié Médard.

Et elle se mit à rire.

Son mari l'interrompant :

—Eh bien, je ne m'y accoutume pas à votre voisin Médard. Voilà trois fois que je le vois, pourtant.

—C'est trop peu, dit Marcelle.

—Médard est un bonhomme, une bonne pâte, interrompit Gilbert; depuis deux ans qu'il est dans le pays, tout le monde le voit avec plaisir, pour peu qu'on ne le regarde pas trop.

—Le fait est qu'il est affreux. C'est horrible un homme qui n'a pas de derrière de tête, et ce n'est pas bon.

—Médard pas bon! Mon fils, vous voilà bien toujours avec vos systèmes. Qui dit cela, que Médard n'est pas bon? M. Lavater, citoyen suisse et physiognomoniste. Juste ciel! Mais les moutons non plus n'ont pas de derrière de tête; sont-ils bons, cependant? Je vous attends au gigot tout à l'heure.

—Les moutons sont excellents, monsieur le comte; mais il ne sont pas braves, ni gentilshommes.

—Ah! ce pauvre Médard, tout gentilhomme qu'il est, — et il l'est bien, c'est un la Maratière de Picardie, — n'était pas destiné à porter l'épée. Vous savez qu'il avait pris d'abord le petit collet, un véritable état de mouton.

— Je n'en savais rien, moi; je ne suis pas de la maison. Je lui ai vu derrière son habit vert une gaîne de peau d'anguille, dans laquelle gaîne je supposais une épée.

—Chut! Voilà la cloche qui annonce quelqu'un, dit Marcelle, probablement M. Médard.

—Puisque vous n'êtes pas de la maison, mon fils, laissez-moi vous faire en deux mots l'histoire de Médard et de son épée, afin que votre philosophie, si clémente aux hommes noirs, jaunes ou rouges, soit un peu moins rude au pauvre gentilhomme blanc. 'il a quitté la Picardie pour le Forez c'est qu'on vit en Forez à meilleur compte que partout ailleurs ; c'est même, entre nous, parce qu'il y peut vivre pour rien. Et s'il a quitté le petit collet pour l'épée, c'est parce qu'il est devenu l'unique membre de sa famille depuis la mort du chef de cette famille, un certain je ne sais plus qui, son cousin, le cousin Joseph, un brelandier, bretteur enragé qui s'est fait tuer comme un chien, je ne sais plus quand, je ne sais plus où, mais qui ne l'avait pas volé, et dont Médard ne parle jamais sans frisson et sans signe de croix.

— Voici M. Médard avec son habit vert, interrompit Bertrand.

— Comme il court ! dit Marcelle.

En effet, le personnage ainsi annoncé, arrivait, au mépris de l'étiquette, avec toute la rapidité de deux petites jambes roides habillées de taffetas tourterelle. Sa main gauche tenait à distance la fameuse épée qui, sans cette précaution, se fût obstinée à lui donner plus d'un croc-en-jambe. La main droite fendait l'air en guise d'aviron et maintenait l'équilibre général. On voyait d'abord de loin fumer et tourbillonner une sorte d'auréole nuageuse composée des blanches vapeurs de poudre que M. Médard perdait dans son sillage, et, plus près, au sein de ce nimbe, apparaissait une tête suante, effarée, dont la crêpure mollissait et se collait aux tempes en flocons de guimauve. L'honnête gentilhomme, dont tous ces détails composaient l'ensemble, essayait de parler en courant, et, n'y parvenant pas, agitait son unique main de la façon la plus éloquente.

— Là, là ! monsieur Médard ! eh ! tout doux, lui cria le comte Gilbert ; vous allez prendre une fluxion de poitrine ! Vous n'êtes pas en retard ; arrêtez-vous... mais arrêtez-vous donc, ventrebleu ! vous suffoquez !

M. Médard de la Maratière achevait son dernier bond. Il s'arrêta au bon endroit pour ses révérences. Quant à proférer un son, impossible.

— Prenez-lui le bras, Bertrand, ajouta le comte, et menez-le ; mais que d'abord il boive un grand coup de vin d'Espagne. A-t-on vu pousser jusque-là l'exactitude et la politesse !

Bertrand, obéissant à son père, tendit courtoisement sa main à la main tremblante de leur convive ; mais celui-ci, l'arrêtant, demeura cloué au sol en faisant signe qu'il eût bien voulu parler.

— Nous causerons et nous nous excuserons à table, monsieur Médard.

— Les excuses au gigot qui aura attendu, dit Marcelle.

Médard se prit à la gorge de la main droite pour faciliter l'émission des mots suivants :

—Merci, madame ; je ne tâterai pas du gigot.

—Eh bien, monsieur Médard, comme il vous plaira. Sans doute vous accommoderez-vous mieux, ayant si chaud, d'une viande froide.

—Pas de viande froide, articula péniblement Médard ; je... je ne puis dîner aujourd'hui.

—Bah ! s'écria le comte.

— Il m'est arrivé ce matin...

— Un accident ?

— Bien pis !

—Eh quoi donc? bon Dieu !... Mais c'est que le voilà pâle, maintenant.

—Vous savez bien... Joseph?

—Votre cousin Joseph?

—Oui, Joseph de l'Estrigny.

—Le spadassin? le chenapan.

—Oui.

—Celui qui est mort?

— Il n'est pas mort... murmura Médard avec des yeux dilatés par la frayeur, il est venu.

— Revenu, vous voulez dire ; mais, vous vous serez trompé, cher monsieur Médard.

En parlant ainsi, le comte regardait ses enfants

comme pour demander si leur hôte n'était pas devenu fou en courant ainsi au soleil.

— Je vous dis, messieurs, reprit Médard, que le chevalier Joseph de l'Estrigny est venu, qu'il est chez moi, que je me suis échappé pour vous prévenir d'abord de l'impossibilité où j'allais être d'avoir l'honneur de dîner avec vous, car, vous le savez, madame et messieurs, le devoir avant tout ; — mais voilà une catastrophe, messieurs et madame, une affliction grande.

— Vous êtes bien assuré, demanda le vicomte, de ne pas faire erreur?

— Trop assuré!

— Ne m'avez-vous pas dit qu'il avait quelque jugement sur la tête?

— Il en a obtenu mainlevée.

— Il n'avait pas un denier, ce me semble?

— Il parle d'une fortune qui l'attend.

— Et il est chez vous, comme cela ; vous l'y recevez !

— Eh ! s'écria Médard douloureusement, je le sais bien! C'est d'une imprudence !... car entre nous, j'ai quelques louis cachés dans mon linge; mais comment faire?

— Il fallait rester chez vous et vous contenter de nous envoyer soit votre valet, soit un billet par le premier venu.

—Mais alors Joseph venait tout droit ici?

—Comment! il venait ici? demanda le vieux marin en relevant la tête, et pourquoi cela, s'il vous plaît?

—C'eût été curieux à voir, dit le vicomte froidement.

Marcelle interrogea elle-même Médard par une exclamation de surprise inquiète.

—Ah! madame, répliqua le désolé gentilhomme, quand ce damné Joseph s'est mis quelque chose en tête, ce n'est que par la douceur, une grande douceur qu'on peut le détourner.

—Et ce revenant, ce M. Joseph s'est mis dans la tête de venir chez moi?

—Oui, monsieur le comte; je lui ai dit que j'étais invité à dîner aux Vertes-Feuilles. — Soit! s'est-il écrié, voilà précisément mon affaire, j'irai avec toi dîner aux Vertes-Feuilles. — Et il y fût venu, voyez-vous.

—Oh! que non pas, monsieur Médard, dit le vicomte dédaigneusement.

—Il n'y a absolument rien aux Vertes-Feuilles qui intéresse M. votre cousin, ajouta le vieux Gilbert en se pinçant les lèvres.

—Ce n'est pas ce qu'il prétend. Il m'a beaucoup

questionné sur vous, sur le domaine dont j'ai fait l'éloge, naturellement, ainsi que des propriétaires, et il se frottait les mains, il approuvait.

—C'est fort aimable de sa part, cher monsieur Médard, interrompit Bertrand ; mais ces avances ne me disposeront pas à inviter M. le chevalier de l'Estrigny. Je vois aux sourcils froncés de mon père qu'il pense ce que je dis. Rassurez-vous donc complétement ; si votre cousin vous gêne, ce n'est pas nous qui le retiendrons en ce pays.

—Mais, enfin, balbutia la victime, vous ne m'ordonnez pas de l'évincer sans ménagements ?... Ce serait une commission difficile ; n'est-il pas vrai, madame et messieurs, une difficile commission ? Je ne saurais vous dissimuler que le chevalier désire avoir l'honneur d'être présenté aux Vertes-Feuilles, et qu'il m'a chargé d'exprimer son désir... et que... j'ai pris sur moi...

—Vous prendrez sur vous, monsieur Médard, dit sèchement le capitaine, d'apprendre à votre cousin qu'on n'entre pas chez les gens malgré eux. Si je vous reçois ici avec plaisir, c'est parce que vous êtes un homme doux, poli et modeste. Je n'aime pas le bruit, ni ceux qui en font. D'ailleurs, il était mort, votre cousin. Je le tiens toujours pour mort, et voilà mon fils, un philosophe, un esprit fort, qui n'admet pas les revenants.

— Messieurs et madame, s'écria Médard en fourageant sa coiffure avec désespoir, vous m'accablez, vous me dissolvez. Je suis un homme anéanti.

— Quoi! lui dit la douce Marcelle, ce méchant vous menacerait-il, serait-il capable d'une pareille vilenie envers son parent, son hôte?

— Il est capable de tout, madame, et quand on l'aura chassé d'ici, c'est à moi qu'il s'en prendra.

— Voyons, cher père, et vous, monsieur, supplia-t-elle, dominée par un pressentiment funeste, permettez à M. Médard de porter une réponse polie. Pourquoi ne pas voir cette mauvaise tête un instant?

— Jamais! répliqua Bertrand.

— Une défaite au moins qui sauve la responsabilité du pauvre négociateur. Supposez que nous soyons sortis, absents.

Le vieux Gilbert et Bertrand hésitèrent une seconde.

— Allez, allez! s'écria rapidement Marcelle en congédiant Médard, allez dire que nous avions dîné quand vous êtes venu; qu'après le dîner nous sommes sortis dans le voisinage...

— Mais il sait que vous êtes chez vous! exclama

Médard, il n'y a plus de subterfuge possible. Peut-être nous entend-il! peut-être va-t-il vous apparaître tout à coup? il est ici, je l'ai amené.

— Morbleu! c'est trop fort, monsieur Médard, dit le vieux marin.

— Et si vous l'avez amené, je vais le reconduire, ajouta le vicomte Bertrand, qui, d'un seul regard chargé de colère et de volonté, imposa silence à Marcelle et terrassa Médard, dont les genoux se dérobaient sous lui.

— Attendez-moi, vicomte, ajouta vivement le capitaine. C'est moi qui parlerai, venez!

Tout deux se mettaient en marche, émus et hâtant le pas, malgré leur désir de paraître calmes, lorsqu'on vit, à vingt pas, entrer dans l'hémicycle de la charmille à arcades, un homme richement vêtu d'un habit habillé à la dernière mode. Paisible et le sourire aux lèvres, balançant avec grâce sa grande taille, jouant avec ses dentelles, il avançait d'un pas mesuré, cadencé, comme l'acteur favori sur la scène, et ses yeux, dont l'excessive mobilité trahissait seule une préoccupation et une défiance félines, embrassaient dans leurs évolutions le lieu, l'espace et les personnes, tour à tour attaqués, analysés et quittés par ces vedettes infaillibles.

3.

— Le voici! balbutia Médard, qui se déroba tout à fait derrière un trumeau de verdure.

Le vieux Gilbert et son fils attendaient, posés, comme on attend l'ennemi qui marche. Marcelle examinait derrière son mari les progrès de l'étrange visiteur. Quant au chevalier Joseph de l'Estrigny, à mesure qu'il approchait du groupe, son attitude devenait plus composée. A la politesse dégagée succédait la décence. Lorsqu'il se sentit à portée du regard, il salua profondément le comte, avec la double nuance de la vénération due à l'âge et de l'estime accordée au mérite. Son salut au vicomte fut le salut aisé d'un égal. Mais quand, tout à coup, Marcelle, s'écartant par instinct, il feignit de la découvrir avec surprise, il y eut dans sa révérence un si habile mélange de respect et d'admiration discrète, que la jeune femme se trouva forcée de rendre le salut, et Bertrand forcé de comprendre qu'elle ne pouvait s'en dispenser.

Toutefois, l'attitude du vieux Gilbert était significative, et on eût pu lire sur ses lèvres la question assez désobligeante qui allait s'en échapper. Le chevalier la devina comme s'il eût vu par derrière, et, s'adressant à Médard pétrifié dans son involucre verdoyant :

— A quoi songez-vous donc, cousin? dit-il. Vous ne me présentez pas? Présentez-moi donc au moins à madame la vicomtesse. Je suis là tout honteux de venir retarder le dîner...

— Va-t-il pas se figurer qu'on l'invitera, pensa le comte, et aussitôt, poussé à bout par cette tranquillité :

— Vous ne retardez rien, monsieur, répliqua-t-il, car nous allons nous mettre à table. Monsieur Médard, votre serviteur !

Alors le comte Gilbert prit la main de Marcelle, salua circulairement de la tête pour n'oublier personne, sans s'être pourtant adressé à quelqu'un, et, son exemple ayant été imité de ses deux enfants, Médard et le chevalier, distancés par cette conversion savante, demeurèrent seuls au milieu du rond-point. Le chevalier réprima le fin sourire déjà ébauché par sa bouche railleuse, il ne bougea point de sa place, et, d'une voix presque caressante :

— Ne vous gênez point, monsieur le comte, dit-il, ce sera pour après votre dîner.

Gilbert se retourna brusquement.

— Quoi? demanda-t-il, qu'arrivera-t-il après mon dîner?

— Comment, Médard, vous m'amenez ici et vous

ne prévenez pas M. le comte du motif de ma visite ?

— Mais... balbutia Médard.

— Vous m'exposez à passer pour un importun, pour un fâcheux parasite qui tombe chez les gens au moment du dîner, au lieu d'expliquer le besoin urgent que j'ai d'entretenir M. le comte de la Blinais...

Gilbert et Bertrand regardèrent Médard.

— En particulier, ajouta le chevalier du même ton d'affectueux reproche.

— Vous avez à me parler, monsieur, dit le vieillard, et c'est sérieux ?

— Extrêmement sérieux, monsieur le comte; me serais-je permis sans cela de venir vous troubler dans cette belle retraite ?

— Mon cousin, s'écria Médard un peu réconforté, vous m'avez manifesté le désir de voir les Vertes-Feuilles, c'est vrai ; de voir par occasion ces messieurs, je le leur ai dit. Quant à m'avoir parlé d'un motif sérieux, non ! — pardon, mon cousin — non ! non ! non !

— Vous ne m'aurez pas compris, Médard, ou vous manquez de mémoire. Quoi qu'il en soit, j'ai une communication importante à faire au seigneur des Vertes-Feuilles, mais après son dîner; à Dieu ne plaise que je fasse perdre à madame une seule minute !

Bertrand avait depuis un moment considéré cet homme et pris la résolution d'en finir.

— Mon père, dit-il, comme on ne peut supposer que monsieur soit venu ici pour se moquer de nous, qui ne le connaissons pas; comme monsieur parle de communications *extrêmement sérieuses* et importantes, ne le retenons pas plus qu'il ne convient, n'abusons pas de son temps, qui doit être précieux. Terminons.

Et il fit un petit signe à Marcelle; mais Marcelle n'obéit pas, elle resta.

— Nous vous écoutons, monsieur, conclut Gilbert.

— Dînez d'abord, dit le chevalier; je vous en supplie, ne changez pas vos habitudes.

Bertrand répondit avec impatience que les gens de mer sont habitués à ne pas prendre d'habitudes.

— Comme il vous plaira, messieurs; mais j'avais demandé le particulier... Néanmoins, ce que j'ai à dire, toutes les oreilles peuvent l'entendre, et c'était par politesse seulement...

— Eh! monsieur, s'écria le vicomte, si vous tenez tant à la politesse, commencez donc!

Le chevalier regarda aussitôt Bertrand, qui soutint ou pour mieux dire qui défia ce regard. Mais, reprenant son gracieux sourire :

— En ce cas monsieur le vicomte, dit-il, il faudra que vous preniez la peine de vous asseoir, car il est possible que je sois long.

Et joignant l'action au conseil, il se dirigea vers un banc voisin, s'inclina respectueusement jusqu'à ce que le comte Gilbert se fût assis, prit place à ses côtés avec une aisance pleine de bon goût, et, voyant Bertrand s'obstiner à demeurer debout près de son père, il témoigna par un geste aimable qu'il n'insisterait pas et qu'il allait commencer.

— Messieurs, voici mon exorde, tout à fait opposé aux règles qui prescrivent l'insinuation; car avec vous je vois qu'on peut aller droit au but. Je commence, dis-je. Où croyez-vous être ici, monsieur le comte de la Blinais?

— Mais, aux Vertes-Feuilles, il me semble, répliqua le marin, chez moi.

L'Estrigny hocha doucement la tête.

— Vous êtes aux Vertes-Feuilles, c'est vrai; mais chez vous, nous allons voir.

— Ah çà! monsieur, demanda sévèrement Bertrand, est-ce une charade, un jeu de société? Nous sommes peu disposés à nous divertir.

— Je vous affirme, monsieur, dit le chevalier avec gravité, que je ne cherche pas à vous faire rire.

Tenez, permettez-moi de vous donner un conseil dans notre intérêt à tous. Écoutez-moi sans m'interrompre, — je promets de ne pas dire une syllabe de trop. Écoutez donc, réfléchissez en écoutant, car vous aurez à me répondre, et vous verrez si je sais écouter à mon tour.

Puis, lorsqu'il eut, de son regard rapide, apprécié l'effet produit sur l'auditoire par la hardiesse de ce préambule, il continua.

— J'ai beaucoup voyagé. Nombre de circonstances pénibles m'y forçaient. On vous en aura parlé. J'ai une réputation exécrable. Certains ennemis puissants me poursuivaient comme auteur d'un rapt avec violence, qui n'était qu'un enlèvement, et d'un assassinat qui n'était qu'un duel. Condamné, j'eusse été pris. Pris, j'étais roué. Je passai en Amérique, — comme vous, monsieur le vicomte.

Bertrand eut un frisson de dégoût, que l'Estrigny feignit de prendre pour de la surprise.

— Absolument comme vous, reprit-il gracieusement; mais on m'y relança : espions, émissaires de tout genre et de toutes armes furent expédiés après moi. Ils me trouvèrent et me menèrent prisonnier à bord d'un bâtiment, d'où je m'échappai à la nage. Ils me crurent mort, à ce qu'il paraît, et vinrent l'annoncer en France, tandis que je faisais campagne sous un faux nom avec le malheureux comte de Paradès, ce héros que M. de Sartines a payé de ses exploits en le faisant mourir à la Bastille. Vous aurez connu cet illustre martyr?

— Mais, monsieur, interrompit le vieux Gilbert, tout cela ne nous regarde pas, et nous intéresse médiocrement.

— Vous n'allez être que trop intéressés; patience! reprit le chevalier de plus en plus calme et sérieux. J'ai dit qu'on m'avait annoncé mort. Rien ne pouvait m'être plus avantageux, puisque ce bruit suspendait toute poursuite contre moi. Je ne réclamai point, tout au contraire, et j'appris un matin, en déjeunant avec mon ami Paradès devant Plymouth que nous voulions donner au roi de France, — il n'en a pas voulu, par parenthèse, — j'appris les détails de la cérémonie funèbre qui s'était célébrée en mon honneur à Abbeville, et que mon cousin Médard a payée. Je m'en réjouis fort, comme s'y sont réjouis, du reste, tous ceux qui me connaissaient, car je suis exécré; pardon! je me répète. Mais le bien est suivi de près par le mal en ce monde, et je m'en aperçus plus tard. Une dame, une veuve, ancienne amie qui avait daigné garder de moi un agréable souvenir, m'avait substitué, sans me le dire, quelle délicatesse! un bien appartenant à son fils, un enfant charmant... L'enfant meurt, j'héritais naturellement. Mais à la nouvelle de ma mort, la dame inconsolable vend le bien, entre aux Filles-Dieu d'Abbeville et meurt aussi. C'est vraiment intéressant, n'est-ce pas? dit l'Estrigny en surprenant une contraction nerveuse sur le pâle visage du comte Gilbert, qui murmura :

— Achevez, monsieur.

— J'achève. Mon ami, mon patron, le comte de Paradès est arrêté, mis à la Bastille. Il n'en sort que ruiné, expirant de chagrin. Il meurt; j'accours en France, où il m'avait fait réhabiliter. Là, entouré de quelques conseils, je me recueille, je m'informe. J'apprends que la baronne d'Ormans, mon ancienne amie, m'avait légué une grande fortune dont je ne suis dépouillé que pour avoir été cru mort. Je cherche mieux; j'apprends que cette fortune consistait en une terre magnifique qu'on a vendue sans en avoir le droit, puisqu'elle m'était substituée et que je ne suis pas mort du tout. Continuant de chercher, je découvre que la terre s'appelle les Vertes-Feuilles, qu'elle a été achetée par M. le comte de la Blinais...

— Eh bien, monsieur, interrompit le vieillard,

auriez-vous appris dans vos recherches que M. de la Blinais n'a pas payé Vertes-Feuilles ?

— Si fait bien, monsieur le comte ; mais il a eu tort de l'acheter, et le tort plus grand encore de payer. On appelle cela, en termes de palais, *mal payer*, et, m'a-t-on dit — car je me suis renseigné, comme vous pouvez le croire, et à quelles sources ! — lorsqu'on a mal payé, on paye deux fois.

Le vieux comte voulut essayer de rire ; mais, en regardant du côté de Bertrand, il le vit si pâle et si pensif, que ce triste rire se changea en convulsion nerveuse.

— Ainsi, je me résume, reprit impitoyablement l'Estrigny, heureux de savourer cette opime vengeance : Vertes-Feuilles appartenait au jeune baron d'Ormans, mon pupille ; après lui, à moi. Il est mort, je vis, j'hérite. Ce n'est donc pas sans raison que je commençais l'entretien tout à l'heure par cette question, dont vous n'avez peut-être pas alors apprécié toute la délicatesse : Où croyez-vous être ici ? C'est encore avec plus de raison que je me fais l'honneur de vous dire : Monsieur le comte, vous êtes à Vertes-Feuilles, mais vous n'êtes pas chez vous !

L'homme le plus fort peut chanceler sous un coup de massue. Les deux marins demeurèrent quelques instants consternés, muets, non pas qu'ils crussent aux droits de ce l'Estrigny dont ils faisaient litière tout à l'heure; mais il prétendait à ce droit, et la réclamation d'un méchant dans le bien de l'honnête homme, c'est le pied de l'anthropophage dans l'île heureuse de Robinson.

L'Estrigny n'avait plus qu'à se taire, à observer et à écouter à son tour comme il l'avait promis. Il le fit.

Le tableau valait la peine qu'on s'y arrêtât. Médard s'était rapproché pas à pas, timidement, de Marcelle, pour se faire pardonner son parent, et surpris dans sa marche par la révélation des droits de ce cousin à une brillante fortune, il restait là, flottant du doute à l'admiration stupide. Marcelle joignait les mains, épouvantée de voir son père et son mari dans cet abattement sinistre. Enfin, les deux gentilshommes, sentant peser sur eux tous ces regards, sortirent simultanément de leur torpeur. Le comte Gilbert arrêta du geste son fils qui voulait parler.

— Ainsi, monsieur, dit-il à l'Estrigny, le résumé de ce que nous venons d'entendre, c'est que vous êtes chez vous?

— Eh! mon Dieu, oui, monsieur le comte.

— Mais enfin, vous n'allez pas exiger, comme cela, tout de suite, que nous vous cédions la place, continua le vieux capitaine avec un sourire railleur, que refléta aussitôt la lèvre frémissante du vicomte Bertrand.

— Qu'appelez-vous tout de suite? demanda froidement l'Estrigny. Entendez-vous que j'exige de vous voir partir immédiatement des Vertes-Feuilles sur le simple énoncé que j'ai eu l'honneur de vous faire? Entendez-vous que je sois à ce point outrecuidant et sot de penser que vous vous avouerez vaincus sans lutte et sans réflexion? Non, messieurs, vous savez bien que je n'ai pas sur vous une pareille prétention. Venu ici pour une affaire très-sérieuse, je la traite sérieusement. Je suis propriétaire du domaine des Vertes-Feuilles, puisque je suis vivant et qu'aucun arrêt du parlement n'a révoqué la substitution qui m'a été faite. Vous contesterez mon droit, je le sais bien, mais c'est mon droit : sur l'affirmation ou la négation de ce droit, nous plaiderons pour être mis d'accord, si nous ne traitons pas à l'amiable. Quant à demander que vous quittiez cette maison tout de suite, comme vous dites, d'abord, je n'ai aucun droit de l'exiger; mais, eussé-je ce droit, monsieur, je n'en userais, croyez-le bien, qu'avec décence et ménagement, car je suis homme à comprendre et à pratiquer les égards qu'on se doit entre égaux dans toutes les circonstances de la vie.

Et sur cette réponse faite avec une patience dont il était impossible de méconnaître l'habileté, le chevalier de l'Estrigny se remit encore une fois en garde devant ses adversaires, que son sang-froid et son imperturbable assurance achevaient de décontenancer et de pousser à quelque faute.

— Vous me faites l'effet, monsieur, répliqua enfin le vicomte, d'un homme qui cherche une mauvaise difficulté. Dans quel but? Nous le saurons sans doute tout à l'heure. Mon père a acheté les Vertes-Feuilles avec le concours des gens d'affaires de la baronne d'Ormans et des siens propres. Le contrat n'a pas été rédigé par des enfants. Ceux qui vendaient ont dû s'assurer qu'ils avaient le droit de vendre, comme ceux qui achetaient d'acheter.

— Permettez, monsieur, que je n'entre dans aucun détail à ce sujet. Nous ne sommes des procureurs ni vous ni moi, nous finirions par nous égarer dans l'antre de la chicane. Imitez-moi; consultez. A Paris, j'ai vu pour cette affaire tout ce qu'il y a de plus illustre dans la spécialité. Vous m'entendez, monsieur, je dis tout ce qu'il y a de plus illustre. J'ai produit non-seulement mon dire et mes prétentions, mais les pièces, et il m'a été donné non des espérances, mais une certitude. Monsieur, les plus honnêtes gens font une faute, et les plus habiles une erreur. Vos gens d'affaires se sont cruellement trompés à votre préjudice. Vous n'aviez pas le droit de me croire mort et d'acheter sans moi les Vertes-Feuilles.

— Nous plaiderons! s'écria le vicomte Bertrand.

— Eh! monsieur, ne tranchez pas le nœud gordien si vite. Alexandre le Grand ne tira son épée qu'après avoir essayé de le dénouer. Un procès, monsieur, mais c'est la pire solution. Vous y mangerez peut-être l'argent de la terre et vous perdrez la terre par-dessus le marché. Réfléchissez ; de grâce, prenez votre temps.

— Vous allez vous-même beaucoup trop vite en besogne, répliqua aigrement Bertrand, car pendant ce dialogue, le vieux Gilbert demeurait neutre et profondément pensif. En vain Marcelle s'était-elle appuyée à son épaule ; ce doux contact auquel jamais ne résistait le vieillard, cette vivifiante chaleur d'un cœur ami l'avait laissé insensible et froid. — Oui, vous prenez vos ambitions pour réalisées, monsieur de l'Estrigny, mais comptez donc un peu plus avec des gens qui savent se défendre. Nous nous défendrons.

— Comme il vous plaira, dit le chevalier avec calme. Ainsi vous voulez le procès ? Remarquez bien que je ne vous demande pas de réponse définitive.

La chose mérite que vous réfléchissiez. D'ailleurs M. le comte de la Blinais, ajouta-t-il en désignant le vieillard silencieux, n'a pas encore donné son avis. Vous le consulterez bien, je suppose?

Gilbert ne répondit pas.

— Vous voyez que M. votre père aime mieux réfléchir, reprit l'Estrigny d'un air respectueux. Eh bien! messieurs, je vous laisse; demain j'aurai l'honneur d'attendre votre décision. Croyez à mon sincère désir d'éviter les hostilités. Vous me trouverez toujours votre serviteur sur le terrain d'une transaction raisonnable.

Au moment où ses yeux exercés épiaient sur chaque visage l'effet de ce mot diplomatique, le vieux Gilbert avec l'élan d'une âme candide :

— Quelle transaction, murmura-t-il, serait possible entre nous?

L'Estrigny se rapprocha.

— La plus simple de toutes, monsieur le comte. Faites examiner mes prétentions, mes droits. Prenez... prenez huit jours. Si l'on vous assure le gain du procès, plaidez. Si l'on vous confirme ce que j'avais l'honneur de vous dire tout à l'heure, à savoir que vous perdrez, et que dans ce cas vous préféreriez me désintéresser, voici mes propositions.

Un silence de tous les souffles qui s'arrêtèrent, de tous les cœurs qui ne battirent plus, s'établit alors sous la charmille et prouva au chevalier combien ses coups avaient frappé juste.

— Ces Vertes-Feuilles, monsieur le comte, valent quatre cent mille livres. Vous les avez payées trois cent mille. Donnez-moi une somme honnête, sans bourse délier, hypothéquée sur le bien même, j'en saurai trouver les fonds, et je vous cède les Vertes-Feuilles par une renonciation à mes droits et une reconnaissance des vôtres.

Le comte, avec émotion :
— Le chiffre de la somme, monsieur ?
— Deux cent mille livres.

Gilbert et son fils bondirent comme frappés du même coup mortel. Ils avaient espéré un moment composer dans des conditions possibles avec l'avidité besoigneuse d'un coquin pressé. Mais cette exaction, cette énormité, cette ruine! La colère de Bertrand fit explosion.

— En vérité, mon père, s'écria-t-il, nous étions bien coupables et nous voilà bien punis d'écouter les folies d'un aventurier qui nous a pris non-seulement pour des dupes, mais encore pour des sots!

— Ah! monsieur, si vous répondez à des raisons polies par des insultes, ce sera tant pis pour vous, répliqua l'Estrigny en se levant, le sourcil froncé. Je n'ai pas la maladresse de traiter les affaires d'argent l'épée à la main ; quant aux injures, nous nous en occuperons tant qu'il vous plaira après que nous aurons terminé les affaires. Je vais donc prendre congé de vous. J'attendrai votre réponse définitive jusqu'au 1er juin, c'est-à-dire quinze jours; mon cousin Médard me la fera passer à Paris, où j'habite. Passé quinze jours, j'ai l'honneur de vous annoncer que j'ouvrirai le feu.

— Oh! ce n'est pas votre dernier mot, vous nous diminuerez bien quelque chose? dit le vicomte sans ménager désormais le sarcasme, — la seule satisfaction permise à son antipathie pour l'homme qui après tout était son hôte.

L'Estrigny, au lieu de partir, se rapprocha encore.

— J'aurais pour vous de la compassion, dit-il d'une voix incisive, si vous eussiez mis à m'entendre seulement la courtoisie des gens bien élevés, car votre aveuglement vous met hors d'état de comprendre la situation. Je vous dis que vous perdrez votre procès, que vous serez ruinés par votre entêtement ; que j'en ai la certitude, la preuve. En vous demandant deux cent mille livres de cette terre, qui vaut le double, je perds deux cent mille livres parce que j'ai soif de retraite et de repos et que je veux bien expier ainsi mon absence causée par les désordres de ma jeunesse. Dans cette concession entrait pour quelque chose le désir d'être agréable à un galant homme.

Il salua le vieux Gilbert et continua.

— Mais vous faites mes affaires mieux que je ne les faisais moi-même. Nous plaiderons; j'aurai les Vertes-Feuilles. Que je les vende ou les garde, ce sont deux cent mille livres que je gagne. Grand merci : j'ai bien l'honneur de vous saluer.

Aussitôt, recommençant avec le même flegme et la même impartialité le cérémonial de ses civilités, il se dirigea vers l'issue de la charmille.

— Viens-tu, Médard? dit-il sans se retourner.

Et comme Médard, abasourdi par la scène qui venait d'avoir lieu, interrogeait timidement l'une après l'autre la contenance des personnes présentes, l'Estrigny qui ne se sentait pas suivi, se détourna pour montrer à son cousin un profil dont le regard et l'arête coupèrent court à toutes ses indécisions. Frissonnant, il traversa l'espace sans que nul fît un geste pour le retenir, et disparut bientôt dans le courant magnétique du terrible parent qui l'entraînait.

— Nous en voilà délivrés, dit le vicomte pour dire quelque chose. Allons, mon père, secouez cet engourdissement. Je ne vous reconnais plus, vous qui avez vu tant de choses bien autrement graves!

Le vieux capitaine releva lentement sa tête fatiguée.

— S'il fallait, murmura-t-il, que cet homme eût dit la vérité!

Bertrand, frappant du pied avec impatience :

— Allons donc, monsieur, ne comprenez-vous pas son jeu? Voilà un homme qui s'expatrie, qui se fabrique un acte mortuaire quand il s'agit d'éviter la roue. Le danger passé, il revient, déchire cet acte, et croit qu'il déchirera de même nos contrats, dont sa mort fut la cause et la raison. Tout cela parce qu'il a besoin d'argent. L'artifice est grossier; pas un juge n'en sera dupe. Notre bonne foi, à nous, est manifeste comme sa fourberie. Il le sait bien, d'ailleurs, il le sait mieux que personne.

Le comte Gilbert se ranimait par degrés à ces paroles consolantes.

— Tenez donc pour certain, continua Bertrand, qu'il n'entamera jamais un procès contre nous. S'il l'entame, il le perd. Taré, chargé de condamnations, tremblant au souvenir de son passé, osera-t-il l'étaler devant un tribunal? C'est un drôle impudent, me direz-vous. Oui, il est audacieux, dangereux même, pas en justice. L'Estrigny n'a voulu que vous effrayer pour vous amener à une capitulation quelconque. Voilà sa comédie.

— Deux cent mille livres!

— Eussiez-vous cru à son droit s'il l'eût évalué cent écus? Eh! monsieur, pour peu que la peur vous tienne, ou seulement le scrupule, débarrassez-en votre conscience, vous le pouvez à peu de frais. Je gage avec vous que demain nous rachèterons la renonciation de M. le chevalier Joseph de l'Estrigny pour un millier de livres.

— Vous n'aviez pas l'air d'un homme aussi convaincu tout à l'heure, dit le vieillard, avide d'être rassuré complétement.

— Votre hésitation m'entraînait, répliqua Bertrand. Je subissais l'influence de ce faiseur de révérences. Il nous aura magnétisés, comme un disciple de Deslon ou de Mesmer; mais peu à peu j'ai réfléchi, je me suis souvenu, la vérité m'est apparue; la vérité, c'est la force. Allons, mon père, sortons de ce piége bête où je crains que vous n'ayez encore un pied pris. A quoi rêvez-vous?

— A ce qui s'est passé quand j'achetai les Vertes-Feuilles, aux objections qui me furent faites par mon procureur... Il me semble qu'alors...

Un nuage glissa, sombre vapeur, sur les souvenirs déjà bien confus du digne vieillard.

— Voulez-vous, pour vous rassurer tout à fait, que je passe demain à son étude, et que je le consulte...

— Mon cher Bertrand, ce brave homme est mort, et je ne connais pas son successeur ; je sais seulement que tous les actes, toutes les pièces sont à l'étude ; vous ferez sagement de les aller chercher ; nous les lirons, nous nous assurerons.

— Par grâce, mon cher père, dit le vicomte, douloureusement frappé de l'altération soudaine qui s'était produite sur les traits du capitaine, ne parlons plus ni de procureur, ni d'actes, ni d'affaires. Je vous jure que demain personne n'y pensera plus, pas même ce l'Estrigny. Mais tenez, s'appelle-t-il l'Estrigny seulement, et ce nom est-il bien celui du substitué de la baronne d'Ormans ? Ce phénix d'inventions et d'escroqueries n'est-il pas capable d'avoir inventé un l'Estrigny de sa façon ?

— Et Médard ?

— Médard ! son compère peut-être. Quand je vous disais de vous défier des gens sans derrière de tête.

Le vieux Gilbert ne put s'empêcher de sourire.

— Bertrand, Bertrand, vous exagérez toujours,

4.

dit-il en respirant avec une joie mélancolique l'air embaumé de son jardin.

— Enfin, mon cher père, voyez comme ce Médard a couru rattraper l'autre.

— Pauvre garçon, en voilà un dont je réponds! Mais, Marcelle, où êtes-vous, ma fille?

— Me voici, répliqua la jeune femme restée en arrière; je console notre petit Gilbert, qui a faim et qu'on a oublié depuis une heure. N'allons-nous pas dîner?

En même temps elle plaçait la petite main de l'enfant dans celle de l'aïeul. Celui-ci se mit en marche, courbé, pensif, traînant la chancelante créature qui pleurait.

— Enfin, Marcelle, dit Bertrand bas à sa femme, n'êtes-vous pas de mon avis? Ce fripon, ce forban, est-il seulement un l'Estrigny? Comment s'appelle-t-il? Le sait-on?

— Je le sais, moi, murmura Marcelle d'une voix grave en se penchant à l'oreille du vicomte; je le sens: il s'appelle le malheur!

V

Les grilles du parc des Vertes-Feuilles une fois franchies, à peine le chevalier se vit-il seul avec son cousin, que ce masque de mansuétude et d'urbanité tomba tout à coup et fit place à la méditation la plus agitée, à la brusquerie la plus menaçante. Il avait manqué son coup et cherchait une revanche.

Les deux parents revinrent au logis de Médard, qui tremblait de tous ses membres. Ce logis était une chétive maison sur le boulevard, contiguë au mur extérieur de la ville. Les fenêtres du sud avaient leur petit balcon en saillie sur le fossé même. Un maigre jardin jeté en avant de l'habitation et bigarré de quelques dépendances à demi ruinées protégeait la maison contre l'indiscrétion des passants. Tout le domestique de cette gentilhommière se réduisait à un petit laquais de dix-sept ans, suffisamment idiot, et qui passait les journées à jouer avec des enfants sur le boulingrin ; cette liberté représentant la meilleure partie de ses gages.

Une petite salle en bas, séparée d'une chambre

humide par le vestibule et l'escalier, voilà pour le rez-de-chaussée ; au premier, trois chambres, dont la plus grande était celle du maître ; au-dessus, un grenier rempli des graines et des oignons de l'année. Cet ensemble, varié par quelques cabinets aussi noirs que vides, par des paliers inutiles et des ressauts de planchers, selon l'usage du temps ; dix à douze cadres garnis de toiles méconnaissables, des volumes dépareillés traînants sur les vieux fauteuils de velours jaune, à petits bras secs ; un gros chat enfoui dans l'édredon raréfié d'une bergère, voilà ce qu'il y avait de plus remarquable au logis de Médard.

— J'ai faim, cousin Médard, dit Joseph en entrant, et il s'assit ou plutôt voulut s'asseoir dans la bergère. On entendit un grand cri de rage, un autre cri de furieuse douleur ; on put voir la jambe du chevalier Joseph se détendre comme un ressort d'arbalète dans la direction d'une pelote grise hérissée qui s'envolait en jurant à travers la chambre ; puis tout rentra dans le repos. Médard fit dresser la table, donna furtivement quelque monnaie au petit laquais, lequel revint bientôt portant un pâté et certain saucisson pressé dans sa main noire contre un triangle de fromage. Médard ouvrit dans la boiserie grise un placard meublé de bouteilles respectables. Déjà Joseph s'était installé. Le cousin prit place en face de lui.

— Avons-nous tout ce qu'il faut ? dit le chevalier.

— Mais, cousin... voyez vous-même.

— Oui... c'est cela, un peu de sucre pour l'eau-de-vie : bien ; et des allumettes avec le fusil pour ma pipe : très-bien. Renvoie ton laquais chercher mes chevaux à la poste, cousin Médard.

Le signe du congé n'avait pas encore été transmis par ce dernier, que déjà la porte extérieure se fermait, et l'on put entendre le jeune drôle s'élancer en bondissant au dehors, avec la double joie d'échapper au travail et aux gestes dangereux du nouvel hôte.

Pendant quelques instants, Joseph de l'Estrigny satisfit en silence un appétit plus nerveux que sincère. Tout à coup, repoussant les mets plébéiens que Médard accumulait devant lui avec une complaisance mélancolique, et promenant autour de cette salle dénuée un regard d'huissier priseur :

— Tu n'es pas somptueux, Médard, dit-il. Comment fais-tu pour vivre ici? Es-tu bien sûr d'y vivre ?

Médard pinça ses lèvres pour retenir la bouffée d'amertume prête à s'en exhaler. Cette modération était un combat entre la peur et la rancune, qui enfin l'emporta; Médard ouvrit la bouche.

— J'y vivais, soupira-t-il.

— Dans ce moisi? dans ce vide?

— J'en sortais souvent, et je trouvais bon visage, bon accueil et bonne table dans certaines maisons très-agréables.

— Comme les Vertes-Feuilles, par exemple.

— Oui, comme les Vertes-Feuilles, murmura Médard d'une voix étranglée par le regret.

L'Estrigny feignit de ne pas remarquer cette émotion réellement touchante de l'inoffensive créature.

— Est-ce qu'ils sont braves gens ces la Blinais? demanda-t-il en allumant sa pipe, dont la fumée intercepta heureusement la grimace très-peu flatteuse échappée au formaliste Médard.

— S'ils sont braves gens! dit celui-ci en haussant les épaules.

— La petite femme, surtout, est gentille, continua l'Estrigny en s'accoudant sur la table, les yeux rivés sur son compagnon palpitant. Tu lui faisais la cour, hein?

Médard se justifia par un regard d'humilité pudique sur toute sa personne. Ce regard disait : « Moi!... »

Et Joseph y répondit par un autre regard qui disait :
« C'est vrai ! »

— Dans tous les cas, continua Médard, s'enhardissant par degrés sous l'aiguillon de sa douleur, si j'ai fait ma cour aux Vertes-Feuilles, je ne la ferai plus : c'était ma meilleure maison ; on y écoutait mes petits contes, on ne se moquait jamais de moi... madame la vicomtesse est un ange sur terre...

— Que diable ! Médard, on ne peut pourtant pas, parce qu'une femme est un ange, faire cadeau à son mari de quatre cent mille livres !

— Oh !... murmura Médard avec un sourire d'incrédulité, ces quatre cent mille livres, vous ne les tenez pas encore.

On entendit les chevaux de poste piaffer devant la porte. Le postillon appelait.

— Écoute, Médard, dit le chevalier en se levant, après avoir jeté sa pipe dans les cendres, retiens bien mes paroles : Avant six mois j'aurai les deux cent mille francs des la Blinais, ou je coucherai aux Vertes-Feuilles. Tu vois si je suis sûr de gagner le procès.

Maintenant, me demanderas-tu, « pourquoi avoir essayé de transiger à perte, puisque j'ai la certitude de rentrer dans les Vertes-Feuilles? » C'est tout simple, je ne m'en cache pas : il me répugne de plaider, de traîner encore devant les tribunaux mon nom... si...

— Si connu, ajouta naïvement Médard.

— Si connu, oui, cousin. Voilà pourquoi je consentais à perdre la moitié sur cette affaire. Mes conseils m'y avaient engagé, d'ailleurs, pour que le beau rôle fût de mon côté. Les la Blinais ne paraissent pas avoir compris; peut-être se raviseront-ils, peut-être s'obstineront-ils à lutter, tant pis pour eux. Je n'ai pas le temps d'attendre ici leur réponse; et puis je te gêne beaucoup dans ton étroite baraque. Je pars. Tu iras les voir au terme fixé. Ils répondront; tu m'enverras leur réponse.

Médard, se redressant avec un courage inspiré par le prochain départ du parent terrible :

— Ne comptez pas sur moi, cousin, dit-il, pour vous servir dans cette circonstance. Je désire rester neutre entre les Vertes-Feuilles et vous. Songez que j'aime ces honnêtes personnes. C'est la société la plus distinguée de Feurs; ils ne m'ont rien fait, à moi, pour que j'aide à les dépouiller.

— Comment! à les dépouiller, interrompit l'Estrigny; mais c'est moi qui ai été dépouillé, mon cher. Nies-tu mes droits, par hasard?

— Je ne conteste pas, je...

— Entre des étrangers et moi, tu choisis les étrangers; bien, bien...

— Mais, mon cher cousin, des étrangers que je vois tous les jours; vous, que je ne vois et ne reverrai jamais.

— Pardon, Médard, pardon, dit froidement l'Estrigny; je vous croyais mon cousin, mon seul parent.

— Je le suis, mais...

— Mon unique héritier, continua Joseph; celui à qui je destinais, après moi, les Vertes-Feuilles, comme cela est écrit dans le testament que j'avais fait avant de venir ici.

— Vous aviez fait votre testament? dit l'effaré Médard.

— Sans doute. On m'avait donné ce vicomte Bertrand de la Blinais comme un sauvage, incapable d'entendre raison, et, dans la prévision d'un conflit entre ce sauvage et moi, qui manque souvent de patience, je substituais mon cousin, mon seul parent, aux droits que j'ai sur les Vertes-Feuilles. Voici ce testament.

Il mit dans les doigts tremblants de Médard un papier plié en quatre, un véritable testament olographe, d'une forme inattaquable, en faisant observer qu'il était daté de huit jours en deçà.

— Je pensais mieux pour vous, dit-il avec un accent pénétré, que vous ne pensez de moi. Si la transaction a lieu, m'étais-je dit, et que je sois réduit à deux cent mille livres, Médard m'excusera de ne lui en offrir que cinquante mille, car j'ai des besoins.

— J'aurais cinquante mille livres si l'on transigeait! s'écria Médard abasourdi.

— Telle était mon intention, cousin, mais je vois trop clairement où sont logées vos préférences. Pourquoi ferais-je violence à votre choix?

— Cousin Joseph... balbutia le malheureux en ouvrant des yeux si larges que le chevalier craignit de voir s'échapper par là le peu de raison resté dans cette pauvre cervelle.

— Oui; j'avais déjà commencé mes rêves. Je restaurais le nom de l'Estrigny, que seul aujourd'hui je porte, et que tu aurais pris après moi. Touchant à quarante ans, j'ai peu de goût pour le mariage, je mourrai garçon. Aussitôt après le jugement qui me rendra les Vertes-Feuilles, nous allions nous y installer ensemble, toi, en qualité d'intendant, sans cesser d'être mon égal; et, dame, grande vie!... Mais bah!

chimères, visions, fumée!... comme la foi des parents et des amis!

Médard fut bouleversé de fond en comble par cette peinture enchanteresse.

— Mais j'oubliais encore, poursuivit Joseph avec un dolent sourire, que je parle à un fanatique serviteur des la Blinais. Supportons cette disgrâce en homme et payons nos dettes. Combien vous dois-je, cousin?

— Comment!... Pourquoi?...

— N'avez-vous pas fait dire une messe pour le repos de mon âme, quand j'étais mort?

— En musique. C'est vrai.

— C'est resté là, dit Joseph en frappant sur son cœur de la main gauche, pendant que de la droite il fouillait à sa poche, et voici ma dette payée, avec les intérêts.

Sa main blanche et potelée s'ouvrant au même instant sur la table, il en tomba une pluie de doubles louis d'or resplendissants à voir. Médard tressaillit dans chaque fibre à ce spectacle féerique.

— Maintenant, disons-nous adieu, reprit Joseph, un adieu éternel, puisque nous ne devons plus nous revoir, et rends-moi ce testament qui répugnerait à ta délicatesse, puisque tu prends parti contre moi pour tes amis.

— Un moment, cousin, entendons-nous ! s'écria Médard ; je ne prends point parti contre vous...

— Mais tu refuses de me servir — c'est la même chose. Oh! tu es libre, — parfaitement libre ! Holà ? petit garçon !

Le laquais entra fort ému. Joseph lui jeta un louis devant lequel l'enfant resta en arrêt sur le carreau, et, ôtant son splendide habit brodé :

— Donne-moi, dit le chevalier, mon habit de voyage. — Et je mettrai celui-ci dans le porte-manteau de M. le chevalier? répondit le laquais, ravi de toucher à ce chef-d'œuvre reluisant comme une châsse.

— Non, porte-le chez M. Médard, à qui je le laisse en souvenir de moi. Cousin, l'habit a été trouvé beau à Versailles ; il vaut quelque cent pistoles. Fais-le ajuster à ta mesure par un tailleur. Adieu.

Médard succomba sous ce dernier coup. La joie, le remords, l'éblouissement de sa fortune et des merveilles de l'avenir le précipitèrent dans les bras, j'allais dire aux pieds de ce cousin phénoménal.

— Mon ami, mon bienfaiteur, bégaya-t-il en pleurant, je ne suis pas un monstre d'ingratitude. Comptez sur moi à la vie, à la mort !

Et, distraitement, il mit le testament dans sa

poche. Cependant le chevalier achevait de chausser ses bottes de voyage.

— Tout est oublié, cousin Médard, dit-il avec magnanimité. Envoie-moi à Paris la réponse des la Blinais, et force détails ; mon adresse est sur le papier que tu gardes. Et puisque nous faisons campagne sous le même pavillon, veille au grain !

Médard lui tint ou plutôt lui baisa l'étrier. Joseph disparut à grand bruit dans la rue tortueuse en murmurant avec un mauvais sourire :

— Ah ! mes petits anges des Vertes-Feuilles, je crois que vous allez avoir le serpent dans votre paradis.

VI

Si tranquille que parût être le vicomte Bertrand, il ne manqua pas de courir, sinon le lendemain, c'eût été trahir sa crainte, du moins le jour d'après, à Feurs, chez le successeur du procureur de son père.

L'attitude mélancolique et les perpétuelles allusions du comte Gilbert à ce qui venait de se passer, entretenaient dans l'esprit du fils certaines inquiétudes qu'il ne communiqua pas même à Marcelle. Celle-ci, toute à son rôle de consolatrice ou plutôt à son protectorat, était bien assez occupée à soigner le corps défaillant non moins que l'âme chez ce vieillard frappé dans sa sécurité, l'unique trésor de ceux qui vont bientôt tout perdre.

Bertrand trouva l'étude du successeur dans un effrayant désarroi. Les papiers relatifs à l'acquisition des Vertes-Feuilles gisaient, véritables épaves, dans un carton gigantesque où s'entre-choquaient des flots d'actes, de titres et de dossiers inconciliables entre eux.

Le successeur n'ayant pas fait cette vente des Vertes-Feuilles, et ne pouvant supposer qu'elle dût jamais donner lieu à contestation, n'avait pas même songé à revoir l'œuvre de son prédécesseur. Le comte Gilbert lui-même, depuis son acquisition, n'avait retiré ni extrait, ni copie. Le sommeil et la poussière régnaient là-dessus depuis huit ans.

Bertrand s'installa et commença une revue du dossier. On retrouva la plupart des pièces essentielles. On relut l'acte de substitution, qui fut déclaré parfaitement en règle, et Bertrand frissonna en voyant ce nom de Joseph, chevalier de l'Estrigny, ce nom funeste sur lequel son pauvre père, enfant pressé de jouir de son jouet, avait glissé sans même le lire.

L'acte de décès du jeune pupille figurait dans la liasse. On n'y trouva pas l'acte de décès de l'Estrigny. En vain Bertrand, appelant à son aide le procureur et les deux clercs, en vain ces quatre chercheurs, stimulés l'un par un intérêt vital, les autres par l'amour-propre et la crainte, fouillèrent-ils tous les tiroirs de la maison, cette pièce ne se rencontra pas.

On relut l'acte de vente. Il y était bien dit que, par suite du décès d'Antoine-Louis, baron d'Ormans, mineur, et de Joseph de l'Estrigny, la propriété substituée faisait retour à la baronne, libre alors d'en jouir et disposer, etc.; mais la preuve de ce décès du substitué où était-elle? Avait-elle existé, l'avait-on fait disparaître?

Bertrand, homme sérieux, pâlit de n'avoir pas en main une arme à ce point décisive. Si la mort de Joseph n'avait pas été authentiquement prouvée à l'acquéreur du bien substitué, il avait donc acheté sans en avoir le droit.

Le procureur, voyant ce mécontentement d'un client très-important et très-susceptible, entreprit de faire dériver l'orage. « Que cette pièce eût été perdue ou soustraite dans son étude? impossible. Rien ne se perd dans une étude; c'est sans exemple. Peut-être la pièce n'a-t-elle jamais été fournie; peut-être y a-t-il eu erreur dans la rédaction du contrat. Cependant maître Radier (le prédécesseur) n'était point un praticien léger; mais enfin quel est l'homme infaillible? S'il y avait eu faute, cette faute était bien du prédécesseur. »

Et lorsque, désorienté par ce renvoi à maître Radier, qui n'était plus sur terre pour répondre, lorsque Bertrand témoigna qu'il mettait hors de cause le successeur, sans que pourtant son affaire à lui client s'en trouvât meilleure, le procureur se mit à plaider les circonstances consolantes.

« Que pouvait redouter le propriétaire des Vertes-Feuilles? La baronne d'Ormans, sa vendeuse, ne certifiait-elle pas dans le contrat la mort de son fils le pupille et du substitué l'Estrigny? L'acquéreur ne se trouvait-il pas parfaitement couvert par cette certification? Devait-il en demander plus? La véritable responsabilité n'incombait-elle pas au vendeur? La seule répétition qu'on pût faire n'atteignait-elle pas ce vendeur ou sa succession, etc.? »

Tous arguments qui portèrent, appuyés de haussements d'épaules, de méprisantes apostrophes au demandeur absent et de citations copieuses. Le procureur termina par un appel au premier clerc, qui se tordit de rire à l'énoncé des prétentions de l'Estrigny. Il demeura prouvé et jugé que ce malheureux n'avait ni droit ni sens commun; qu'il ne trouverait pas même un huissier pour porter son assignation; qu'il en serait pour sa tentative d'extorsion; que, en un mot, tout le monde pouvait dormir tranquille aux Vertes-Feuilles.

Aussi Bertrand, qui trouva ces raisons probantes parce qu'elles étaient ses raisons, ne songea-t-il pas un instant à les discuter ni à les approfondir. Le bon droit a ce désavantage, qu'il ne doute jamais de lui.

Le vicomte rapporta donc ces assurances aux Vertes-Feuilles. On y dîna mieux. Le procureur, chez lui, n'en dîna pas plus mal, et la sécurité revint encore une fois s'asseoir au foyer des la Blinais, douce déesse qu'on ne sent pas quand elle est là, et qu'on adore et qu'on rappelle à mains jointes aussitôt qu'elle n'y est plus.

Médard, aux approches du terme fixé par son cousin, se présenta pour demander la réponse. Il arriva plein de conciliantes prévenances. Malgré son désir de paraître aux Vertes-Feuilles dans la tenue d'un ambassadeur de bonne maison, il avait conservé l'habit vert des jours anciens. Cette délicatesse n'eut

5.

pas tout le succès qu'elle méritait. Suspect aux yeux du vicomte et amoindri dans l'estime du vieux Gilbert, il exposa sa mission devant des juges sans bienveillance ; sa harangue fut embarrassée ; il s'entendait parler au milieu d'un silence effrayant. Marcelle, sa ressource ordinaire, n'avait pas même paru avec ce sourire qui fondait toute glace. Médard fut médiocre ; de plus habiles que lui eussent échoué de même.

A mesure qu'il se sentait plus gêné, il devenait plus humble et s'enfonçait plus avant dans les concessions. Des deux cent mille livres réclamées par l'Estrigny il fût tombé aux cinquante mille que l'Estrigny lui avait promises pour sa part, lorsque le vicomte, satisfait de voir se confirmer ainsi tous ses pronostics, eut la charité d'interrompre le malencontreux négociateur en lui disant que, si son cousin l'Estrigny avait besoin de cinquante écus, il eût mieux fait de les emprunter honnêtement que de les escroquer à l'aide d'inventions aussi diaboliques.

Ces terribles mots ayant fait dresser la crête au pauvre Médard, lequel aventura quelque affirmation de la prud'homie et des droits de son parent, Bertrand lui demanda d'un ton de lieutenant criminel s'il était de l'affaire et en acceptait la solidarité. Médard balbutia un plaidoyer très-rudement coupé avant la péroraison, et le tribunal, c'est-à-dire le comte Gilbert, s'étant levé, prononça la sentence suivante, dont voici le sens à défaut de la forme :

« Nous, etc.,

« Attendu qu'une demande aussi étrange qu'inique s'est produite le mercredi 15 courant, aux Vertes-Feuilles, en présence de M. Médard de la Maratière, qui n'a protesté ni par paroles, ni par actions, comme cela eût été convenable de la part d'un hôte habituel de la maison;

« Attendu que ladite prétention, qu'il est inutile même de discuter, non-seulement n'a pas été repoussée avec horreur par ledit sieur Médard de la Maratière, mais se représente aujourd'hui, soutenue et comme légitimée par lui en ses dires, allégations et apologie;

« Attendu que cette conduite prouve jusqu'à l'évidence une communauté d'opinion et peut-être d'intérêts entre ledit sieur Médard et l'auteur de la réclamation ci-dessus mentionnée; qu'il y a par conséquent hostilité flagrante dirigée, en vertu de cet accord des susdits, contre le repos et la fortune des habitants de Vertes-Feuilles;

« Condamnons Médard de la Maratière à quitter le

château dans le délai de cinq minutes et à n'y plus jamais reparaître, sous peine de tous affronts et dommages qui lui seront infligés par qui de droit. »

Au même moment le vicomte Bertrand, sans tenir compte de l'ébahissement et des réclamations du condamné, marcha sur lui en droite ligne, l'obligeant par cette manœuvre à reculer vers la porte, puis de la porte jusqu'aux jardins, dans lesquels l'infortuné se trouva seul. Mal revenu de sa consternation, alors qu'il demandait machinalement conseil à l'instinct automatique, il leva la tête du côté des fenêtres, où tant de fois il avait rencontré le bonjour accueillant ou le petit adieu de Marcelle. La jeune femme, en effet, s'y trouvait cette fois encore, et, derrière la vitre, sous le rideau relevé, observait le départ du banni. Si Médard n'eût pas été aveuglé par l'émotion, peut-être se fût-il remis le cœur à l'aspect de ce visage adorable, voilé d'une ombre de tristesse miséricordieuse; mais il ne vit qu'un nuage fuyant, et, le rideau s'étant baissé aussitôt, Médard comprit qu'en haut comme en bas la sentence était inexorable. Il partit donc pour l'exil avec une violente envie de pleurer, déguisée péniblement sous une gesticulation de matamore. Peu à peu ce mélange de pensées malsaines, qu'on appelle trop complaisamment le sentiment de la dignité, remplaça le bon sentiment. Médard murmura les mots orgueil, ingratitude, violence, et, s'étant repenti de n'avoir pas mis par délicatesse le bel habit du cousin, prit la résolution de l'arborer désormais tous les jours comme l'étendard de la révolte et de la vengeance.

Rentré à Feurs sous cette impression, il écrivit immédiatement à l'Estrigny le résultat de sa visite. Cette lettre fut celle d'un allié plus impitoyable que le belligérant même; et quand, aux Vertes-Feuilles, Marcelle ne cessait d'intercéder pour ce pauvre niais fanatisé un moment par un coquin, quand elle s'évertuait à prouver l'innocence de Médard par l'immobilité de l'Estrigny, tout à coup tomba au milieu de la famille désarmée la déclaration de guerre de ce dernier, une assignation en bonne et due forme donnée à messire Gilbert de la Blinais d'avoir à comparaître en personne ou par fondé de pouvoir devant la grand'chambre du parlement de Paris, auquel ressortissait la province, pour s'entendre condamner à restituer le domaine des Vertes-Feuilles et les revenus d'icelui avec tous droits et intérêts indûment possédés et détenus depuis huit ans au préjudice du sieur Joseph de l'Estrigny.

VII

A cette nouvelle, comme s'ils eussent entendu crier : Aux armes! sur le pont de leur navire, les deux marins bondirent, ardents à la défense. Le comte Gilbert voulut accompagner son fils à Feurs, chez le procureur, pour concerter avec lui un plan de campagne. Ce n'était plus ce triomphant successeur de maître Radier, cet optimiste, ce Démocrite jappant avec force lazzi après l'ombre de l'adversaire. L'assignation parisienne l'avait étonné, figé. Pareille à la tenue serrée de ces épées froides qui commandent le respect et l'inquiétude aux lames fanfaronnes, la rédaction de l'exploit-l'Estrigny révélait au praticien un jeu sérieux dont il n'avait pas soupçonné l'existence. Aussi jugea-t-il prudent non-seulement de ne plus promettre la victoire, mais de décliner toute responsabilité. L'affaire, dit-il, allant au parlement de Paris, lui échappait par le double motif que son étude ressortissait plus spécialement aux juridictions provinciales, et que, vu la distance énorme de Feurs à Paris, le procès ne pouvait être bien suivi sans qu'on fît le voyage, voyage incompatible avec ses travaux et les besoins de sa clientèle.

MM. de la Blinais, un peu étourdis d'abord par cette palinodie, comprirent vite que le bonhomme ne se sentait pas à la hauteur de la tâche. Eux-mêmes n'avaient en lui qu'une confiance médiocre. Pendant que Bertrand redemandait au procureur le dossier relatif aux Vertes-Feuilles, et colligeait soigneusement tout ce qu'on en avait pu retrouver, le comte Gilbert, les yeux levés au plafond, cherchait, s'impatientant, quelque chose qu'il ne trouvait pas.

— Je n'ai plus de mémoire, murmura-t-il involontairement, c'est affligeant.

— Que souhaitez-vous, mon père? dit le vicomte qui, ayant terminé sa besogne, se préparait au départ.

— Je pensais au choix de l'avocat qu'il nous faudra consulter, et je me rappelle que, dans ma jeunesse, un brave compagnon, un garçon d'esprit... Non, je ne me rappelle plus... nous avons pourtant fait bien des folies ensemble pendant le congé de trois mois que je passai à Paris en l'année... Je ne sais plus, Bertrand.

Et le vieux marin frappa de sa canne avec dépit le parquet raboteux de la salle.

— Je voudrais savoir ce que vous cherchez, monsieur le comte, lui dit son fils, je vous aiderais peut-être.

— Je cherche un avocat, pardieu! et un bon...

— J'écrirai à quelqu'un de mes amis à Paris, répliqua Bertrand, nous serons bien renseignés, nous aurons ce qu'il y a de meilleur.

Le procureur intervint :

— Monsieur le comte, dit-il, les meilleurs avocats au parlement de Paris pour ce genre d'affaires sont : Treillard, Target, Cornevin...

— Cornevin ! s'écria le vieux Gilbert, — Cornevin, voilà, voilà le nom que je cherchais. Vous connaissez Cornevin ?

— Qui ne le connaît dans notre profession, monsieur le comte? il a plaidé à Montbrison une fois ; je l'ai entendu !

— Un grand sec, n'est-ce pas, le nez long, l'œil ardent, la narine ouverte, des cheveux touffus?

— Mais non, monsieur le comte, vous confondez sans doute, dit le procureur, Mathieu Cornevin est voûté, chauve...

— Oui, oui, j'oubliais, pardon, monsieur, répliqua doucement le vieillard, — c'était dans ma jeunesse, — il y a quarante ans ! Comment, Cornevin, mon Cornevin serait devenu un grand avocat !

— Si c'est réellement votre Cornevin, interrompit Bertrand, qui prit le bras de son père pour l'emmener, tandis qu'un petit clerc les suivait portant le volumineux cahier des paperasses jusqu'au carrosse arrêté devant la maison.

— A propos, savez-vous où il demeure à Paris ? demanda le comte en se retournant.

— Monsieur le comte veut-il que je lui écrive, que je le charge de l'affaire ? Ce serait honorable pour l'étude.

— Son adresse seulement, je vous prie.

— Eh ! monsieur, mettez : A maître Mathieu Cornevin, avocat au parlement de Paris, — à Paris, — et voilà tout.

Le procureur conduisit jusqu'en bas cette belle visite, et Bertrand, après avoir installé son père dans le carrosse, remerciait le praticien de sa politesse, quand il le vit saluer quelqu'un dans la rue : les yeux du vicomte se tournèrent machinalement de ce côté, attirés d'ailleurs par l'éclat extraordinaire d'un objet mouvant qui agaçait les rayons du soleil.

C'était l'habit prestigieux de Médard, — lequel Médard ayant appris l'arrivée à Feurs de ses ennemis, les faux seigneurs des Vertes-Feuilles, s'était à la hâte revêtu des livrées de son parti, et passait et repassait devant la porte du procureur pour être aperçu dans sa nouvelle parure.

Cette promenade de factionnaire avait éveillé l'attention de quelques polissons qui regardaient à distance respectueuse, parce que Médard s'était fait accompagner de son chien. Il y avait aussi dans la rue certains oisifs que l'habit fascinait, et qui tourbillonnaient comme des phalènes autour du splendide seigneur appelé à de si hautes destinées; car on savait déjà dans la ville, Médard ne l'ayant laissé ignorer à personne, qu'il y avait guerre entre la Blinais et la Maratière pour la possession des Vertes-Feuilles. La prétention et la possession se discutaient publiquement; l'Estrigny avait envoyé copie de son exploit à Médard, qui colportait cette copie, et Bertrand put juger des progrès de la prétention par le nombre des saluts que récoltait la Maratière au préjudice de la possession.

Il sourit de pitié et fit part de l'observation à son père; mais ce fut alors qu'il remarqua combien tant de chocs successifs avaient altéré chez le vieillard la force de résistance. Gilbert s'irrita au lieu de rire; sa

faiblesse éclata en violence. Il voulait descendre de
carrosse pour battre l'habit de l'Estrigny sur les
épaules de son allié. Bertrand eut bien de la peine à
modérer cette colère, qui eût allumé la guerre civile
dans les châtellenie et bailliage de Feurs en Forez.
Ramenant la question sur un meilleur terrain, il ordonna au cocher de retourner aux Vertes-Feuilles
sans s'arrêter plus longtemps en ville pour quelques
visites projetées dans des maisons peut-être empoi-
sonnées déjà par Médard.

Le conseil aux Vertes-Feuilles se composa de trois
membres dont Marcelle, et moitié pour flatter la ma-
nie du vieux Gilbert, moitié par nécessité, décida
qu'une lettre serait écrite à l'avocat Mathieu Cornevin, uniquement pour lui demander s'il était bien le
Cornevin du congé de 1740, le conseil se réservant,
selon la réponse, d'obtenir soit une consultation, soit
l'assistance de ce célèbre avocat. Il va sans dire que,
si Marcelle, par complaisance, écoutait des journées
entières les récits de son beau-père touchant le che-
velu Cornevin, le pétulant Cornevin et ses imagina-
tions bouffonnes qui avaient égayé la jeunesse de Gilbert, elle n'espérait guère que la folle silhouette de ce
clerc bon vivant se fût modifiée au point de devenir
la grave image d'un célèbre avocat du *forum pari-*

siense. Mais enfin, pourquoi désobliger le digne marin qui s'était rattaché avec une joie enfantine à cette illusion? Quant à Bertrand, il n'y croyait pas du tout, se préparait à l'événement, et, sous ses papiers, cachait un projet de lettre à M. de la Fayette, duquel il comptait obtenir des instructions et des recommandations sérieuses en qualité de confrère dans l'ordre de Cincinnatus.

VIII

Sur ces entrefaites, on reçut aux Vertes-Feuilles une grande lettre de Paris à l'adresse du comte Gilbert de la Blinais, capitaine de frégate. En temps de guerre comme en temps de procès, tout ce qui tombe du ciel peut être un projectile. On examina longtemps et non sans défiance cette enveloppe carrée, les épais caractères qu'une main exercée, mais lourde, y avait creusés plutôt que tracés avec une science suspecte de l'abréviation et des formules. On l'ouvrit enfin, cette lettre composée de trois pages consciencieuses; elle était signée Mathieu Cornevin.

Ce ne fut pas sans émotion que le vieux Gilbert tendit le papier à Marcelle pour qu'elle lui en fît la lecture, et ce ne fut pas sans intérêt que la jeune femme et le sceptique Bertrand lui-même, qui lisait par-dessus l'épaule de Marcelle, prirent connaissance du contenu.

« Je suis, en effet, monsieur le capitaine, ce Cornevin que vous avez connu pendant votre séjour à Paris en 1740. Vous n'avez pas oublié mon nom; moi, j'ai souvent entendu prononcer le vôtre alors qu'une action d'éclat, une blessure glorieuse, ou quelque récompense bien méritée, grandissait loin de moi, aux applaudissements de tout bon Français, cet aimable compagnon des seuls beaux jours qui me soient échus dans la vie. »

Le vieux Gilbert courba la tête, et ses enfants, se touchant du coude, affectèrent de louer avec emphase ce préambule de la lettre, pour laisser le temps de se redresser au front pensif, de se sécher aux yeux rougis par l'attendrissement du souvenir.

« Cette maison de la rue de Cléry où nous demeurions, continua Marcelle, ce vieux logis de l'Image de Notre-Dame de Cléry où nous nous étions rencontrés, venus chacun de notre province, donnait, vous vous en souvenez peut-être, monsieur, sur la place de la Ville-Neuve, et nous y fîmes de bonnes promenades après le dîner, qui était toujours excellent, grâce aux attentions de l'hôtesse. Et l'hôtesse elle-même, qui préférait quelquefois le garde-pavillon au clerc et quelquefois le clerc au garde-pavillon, peut-être ne l'aurez-vous pas tout à fait oubliée ? Ce quartier commence à changer beaucoup ; j'y ai acheté une maison à quelques pas de l'ancien logis de Notre-Dame de Cléry, que souvent je regarde en revenant du Palais, lorsque ma tête fatiguée cherche une distraction dans le passé. Alors, monsieur, je songe involontairement à vous, à nos bonnes journées d'oisiveté, aux excursions que nous allions faire dans les jardins maraîchers de la Nouvelle-France, où nous achetions des raves et des fraises pour les offrir à notre hôtesse jalouse. L'an dernier seulement on a changé les fenêtres, et j'ai vu partir dans la charrette du revendeur le petit balcon de fer, en forme de panier à salade, où tant de fois je vous saluai, de ma fenêtre à moi, dans votre bel habit de marin à ganses d'or.

« Monsieur le capitaine, voilà plusieurs années que n'entendant plus parler de vous, même par la renommée, j'ai pensé que vous aviez pris définitivement votre retraite, comme je me prépare à prendre bientôt la mienne, relative ou absolue, selon qu'il plaira à Dieu. Sauf par le souvenir, qui de mon côté sera impérissable, j'avais renoncé à l'espérance de communiquer jamais en ce monde avec vous, lorsque, l'autre jour, votre nom, apporté brusquement à mon oreille, m'a appris que vous viviez encore et où vous viviez. »

— Ah! vraiment! murmura le comte, on lui a parlé de moi, qui donc?

« Une personne m'est venue consulter sur une affaire par elle portée devant la grand'chambre du parlement de Paris; cette personne, qui m'a dit se nommer le chevalier de l'Estrigny, prétend revendiquer la possession de certains biens que vous détenez dans la province de Forez, et, me demandant avis sur la situation des deux parties, m'a prié de prendre en main sa cause... C'est ainsi, monsieur le capitaine, que j'ai appris avec joie votre existence, avec chagrin la disgrâce qui vous menace. Comme j'ai beaucoup travaillé depuis que nous ne nous sommes vus, j'ai profité aussi, et l'on assure que je suis devenu un avocat passable; voilà pourquoi nombre de personnes viennent me consulter, voilà pourquoi cedit chevalier de l'Estrigny est arrivé tout d'abord... »

Bertrand, impatienté par ce nom toujours menaçant :

— Vous verrez, s'écria-t-il, que nous aurons le chagrin d'avoir contre nous Mathieu Cornevin : ce l'Estrigny l'a déjà choisi pour son avocat !

Je ne vous cacherai pas, continua de lire Marcelle, que, dès les premiers mots, je fus gagné par la politesse et la grande intelligence de mon nouveau client. »

— Voyez-vous ! *mon client !* dit le vicomte.

« Mais aussitôt qu'il eut prononcé votre nom, et que, d'après les renseignements, j'eus la certitude qu'il s'agissait de vous, monsieur le capitaine, je décidai en moi-même que jamais je n'aiderais à la ruine ni au malheur d'un ancien compagnon, dirai-je d'un ancien ami, alors même qu'il aurait oublié jusqu'à mon nom. Et je refusai la cause. »

Ici le comte Gilbert frappa ses mains l'une contre l'autre, et Marcelle sauta de joie sur son siége.

— Voilà un brave homme ! s'écria Bertrand. Et puis, remarquez-vous, monsieur, qu'il vous appelle toujours monsieur le capitaine, jamais monsieur le comte ; c'est un des nôtres, un de ceux qui pensent tout bas : *stemmata quid faciunt !* c'est un sage !

— Oh ! un sage, Mathieu Cornevin !... murmura en souriant Gilbert, toujours en retard de quarante ans.

Pendant cette interruption, Marcelle suivait des yeux les lignes de la deuxième page, et son front se rembrunissait.

— Voyons, ma fille, voyons, dit le vieux marin, habitué à lire tout sur ce visage.

Marcelle poursuivit :

« Sans rien dire de mes motifs réels au sieur de l'Estrigny, je prétextai mon âge, ma fatigue, et je l'adressai à mon confrère Polverel, un excellent avocat de Bordeaux, maintenant fixé à Paris ; talent agréable. Quant à vous, prenez Treillard, qui lui est de beaucoup supérieur ; et, permettez-moi de vous le dire, il faut faire un sacrifice et monter jusqu'à M. Target, si vous tenez à votre bien, car la cause ne se présente pas aussi avantageusement pour le défendeur que pour le demandeur.

« Je pense, monsieur le capitaine, que vous ne balancerez pas à faire le voyage de Paris pour soutenir ce combat. Selon les juridictions, la coutume change. A distance, les meilleurs arguments arrivent refroidis en chemin. De Feurs, vos gens d'affaires feraient des fautes aussi énormes que vous, si vous commandiez le feu sur votre vaisseau du fond de la cale, au lieu de tout conduire de votre banc de quart. Vous viendrez ici, peut-être, et j'aurai cette dernière joie de vous embrasser. Que si, malgré votre verte vieillesse que l'on m'a vantée, vos enfants ne vous permettent pas d'affronter les fatigues d'un aussi rude voyage et viennent à Paris à votre place, je verrai peut-être vos enfants, qui pourront trouver un bon conseil chez celui qui a l'honneur de se dire, monsieur le capitaine,

« Votre ancien compagnon et respectueux serviteur et ami,

« Mathieu Cornevin, avocat,
« Rue de Cléry, place de la Ville-Neuve,
près l'image de Notre-Dame de Cléry,
à Paris. »

A peine Marcelle eut-elle achevé cette lecture que le vieux Gilbert, transporté, s'écria qu'il partait pour Paris. En lui tout renaissait. La jeunesse éclatait dans ses regards. Bertrand et Marcelle échangèrent un second coup d'œil. Tous deux, au moment où la jeune femme avait lu le passage relatif au voyage à à Paris, tous deux s'étaient rencontrés dans le même espoir : Marcelle avait rougi de plaisir à l'idée de réaliser ce rêve ; Bertrand s'était promis aussitôt de partir. Mais quant à voyager avec son père, quant à le briser par cent vingt lieues de route, au risque de perdre vingt jours à ce voyage, Bertrand ne l'entendait pas ainsi. Depuis un mois la santé du comte Gilbert était compromise; l'insomnie, la surexcitation, précurseurs de sa goutte et de ses fièvres, l'obligeaient aux ménagements les plus sévères. Cependant il voulait partir, et comment l'en eût-on empêché? Marcelle se chargea de la négociation. Elle savait son pouvoir, et effectivement le comte l'écouta. Il confessa que ses forces pourraient bien le trahir en route, et consentit à demeurer aux Vertes-Feuilles.

— Votre mari, dit-il, suffit parfaitement à traiter nos affaires. D'ailleurs, lui-même a besoin de voir Paris, les ministres et ses amis. Qu'il aille donc à Paris. Nous deux, ma fille, nous resterons au nid, ajouta-t-il en se frottant les mains; vous savez si nous faisons bon ménage.

Ce n'était pas le compte de Marcelle. Elle aimait tendrement, elle aimait par-dessus tout, on le sait, le vieux Gilbert, son inséparable, son père et son appui; mais Paris! mais ce voyage! mais Bertrand qui s'en irait sans elle! mais voir! mais respirer, apprendre et vivre!... O jeunesse impitoyable, expansion qui soulève le monde! Marcelle, lorsqu'elle s'aperçut du danger que courait son voyage, supplia Bertrand de l'aider à persuader Gilbert.

On fit intervenir la décision du grand médecin de

Montbrison, lequel défendit le carrosse au vieux comte et l'ordonna péremptoirement à Marcelle. L'archevêque, ami de la famille, qui ne manquait jamais de s'arrêter aux Vertes-Feuilles dans le cours de sa tournée pastorale, daigna soutenir le médecin de Montbrison. Gilbert ne se rendit qu'à la dernière extrémité. Ce qui le terrassait, c'était la défection de Marcelle. Quoi! elle partirait! elle supporterait un mois, deux, trois peut-être, passés sans voir son meilleur ami! Et Bertrand lui enlevait ainsi sa femme! Gilbert s'assombrissait en les regardant tous deux et, n'osant leur dire qu'il les accusait de complot et de trahison, il leur faisait payer son silence. En vain Marcelle, avec cette logique irréfragable des femmes qui veulent bien quelque chose, avait-elle démontré au digne capitaine la nécessité pour elle, si peu aimée déjà, de s'attacher Bertrand au moins par l'habitude; en vain lui signalait-elle le danger d'une absence qui allait une fois encore faire les deux époux étrangers l'un à l'autre, ses caresses, ses délicats mensonges, sa voix irrésistible, tout l'arsenal des séductions y échoua. Gilbert ne comprit rien, sinon qu'il s'était choisi cette bru pour lui et qu'on la lui ôtait. Aussitôt que le voyage fut décidé, il bouda, non plus Bertrand, mais Marcelle, que cette affectation de cruauté troubla plus d'une fois jusqu'aux larmes, et alors Gilbert, qui s'en aperçut et qui de la vie n'avait pu voir pleurer une femme, hâta de lui-même les préparatifs du départ.

Une solution imprévue, ménagée par Bertrand la veille des adieux, pacifia tout aux Vertes-Feuilles. Marcelle consentit à ne pas emmener son enfant pour laisser ce petit compagnon au grand-père. Le cœur du bon Gilbert se fondit à cette nouvelle, et il embrassa si tendrement sa bru et son fils même, que tout le monde pleura.

Les vieillards ne sont pas exclusivement insensibles ou égoïstes, — ils sont jaloux ; ils ne s'accommodent pas de ne plus compter dans le monde. Occupez-les, ils sont bons. Vous les consolerez de n'avoir plus de gens qui les aiment, si vous leur donnez quelqu'un à protéger.

Toute la tendresse de Marcelle pour son beau-père se réveilla au moment de ce départ : son chagrin éclatait en sanglots qui eussent offensé Bertrand, si la pauvre femme n'eût eu ce prétexte de l'enfant qu'elle abandonnait. Souriant à l'un, caressant l'autre, étreignant nerveusement la main du troisième, elle réussit à satisfaire tout le monde. C'était difficile ; c'eût été impossible à toute autre qu'elle.

G.

IX

Le vicomte et la vicomtesse de la Blinais partirent de leur terre des Vertes-Feuilles par un matin radieux de juillet. Ils voyageaient dans leur carrosse, énorme boîte destinée à remplacer la maison absente. Toute la noblesse de province faisait de même à cette époque, et, depuis Louis XIV, la forme des véhicules n'avait pas changé sensiblement. On trouve encore aujourd'hui, en Espagne et en Sicile, ces carrosses bombés et haut perchés, avec quadruple feuille de marchepieds, ressorts cambrés en figures de parenthèses ; le siége du cocher tiendrait trois hommes ; la sellette des laquais, par derrière, est une plate-forme de deux pieds sur trois ; on y entasserait tout un garde-meuble. Ces voitures sont douces, aérées ; elles ne sont pas plus laides à voir que celles d'aujourd'hui ne paraîtront belles dans soixante-dix ans, s'il en reste alors une seule debout.

Cette machine était traînée par deux puissants chevaux qu'on louait pour un trajet déterminé, selon l'usage des voiturins d'Italie. Ces animaux marchaient ainsi deux journées à raison de douze à quinze lieues l'une, toujours au pas, excepté à l'arrivée ou au départ, sur le pavé des grandes villes, où l'on trottait quelques minutes par orgueil. On couchait donc chaque soir. Cent vingt lieues se faisaient ainsi en huit ou dix jours.

Ce voyage fut pour Marcelle un enchantement, une révélation. On pourrait dire, en effet, qu'elle s'y révéla à elle-même. Pareille à cet habitant de la vallée qui, un jour hissé sur la montagne, s'écria que le monde était bien grand, Marcelle, au bout de vingt lieues, trouva le monde interminable. Ces auberges où jamais elle n'était entrée, ce bruit de gens affairés, ces changements de toute chose à toute minute ; plus rien du passé que le sourire d'un vieillard et d'un enfant unis dans son cœur ; devant elle, par delà l'horizon, la jeunesse, la vie, le vague sentiment de l'espoir et de l'infini, tout, tout! Elle eut d'abord le vertige, comme l'agneau qu'on passe dans un bac, et qui, couché, lié, sent frissonner l'eau sous la planche et ne voit pas la rive. Bientôt s'enhardissant, se retrempant dans la nécessité, avide de paraître femme pour son mari qui la traitait en enfant, elle s'émancipa jusqu'à causer de ce qu'elle voyait, et quand, passablement dédaigneux dans sa philosophie, son interlocuteur ne l'avait pas satisfaite, elle s'aventura jusqu'à penser aussi.

Une des choses qui l'étonnèrent beaucoup, la première qu'elle remarqua, ce fut l'effet singulier produit par sa beauté sur tous les hommes qu'on rencontrait. Dans sa ville, dans sa maison, Marcelle était si connue, elle était si respectée, que personne ne l'avait jamais regardée autrement que comme elle regardait elle-même. Un sourire pour saluer, un franc et ferme examen du visage qui la saluait, une révérence sans baisser les yeux, voilà ce qu'on avait appris à Marcelle, ce qu'elle avait toujours fait, ce qu'elle croyait avoir toujours à faire. L'unique figure qui l'eût jamais un peu gênée, c'était le chevalier de l'Estrigny ; encore l'avait-elle vu si poli, si courbé, que la gêne avait passé vite, mise d'ailleurs sur le compte de la mauvaise impression produite par le seul homme de réputation suspecte qu'elle eût jamais rencontré. Mais dans les hôtelleries, sur les routes, chaque fois qu'elle entrait, chaque fois qu'elle passait, comment expliquer le mouvement de surprise qu'elle surprenait sur les visages, l'empressement avec lequel s'écartaient ou se rapprochaient les hommes, les politesses dont après dix minutes le vicomte se trouvait assailli, et qu'il ne payait pas toujours par une politesse aussi chaude, les chuchotements, les rassemblements de tous les voyageurs devant son marchepied lorsqu'elle montait en voiture, les cavaliers qui s'arrêtaient court au passage du carrosse et restaient longtemps chapeau bas sur le chemin?

Elle était donc belle? Ces yeux d'un bleu sombre comme l'azur des nuits, ces cheveux frisés, tordus sur son front et son cou, en boucles, en tresses, en lames d'or, car on quitte la poudre en voyage ; ces narines frémissantes, ces lèvres humides qui vivent et appellent, cette noble pâleur nacrée des déesses et des chefs-d'œuvre, et le tour chaste et fier de la nymphe, et la molle aisance de chaque mouvement où éclate la perfection, d'où jaillit le charme, tout cela que tout le monde voyait et que ne voyait pas Bertrand, tout cela qu'il dédaignait peut-être, c'était donc la beauté, ce trésor sans rival sur la terre !

Cette découverte frappa Marcelle, non pas au cerveau de la folie orgueilleuse qui aveugle tant de femmes et les corrompt, mais au cœur, qui s'emplit aussitôt d'une joie et d'une force immenses. S'il est vrai que le sentiment d'une puissance suprême constitue la plus noble jouissance de l'humanité, c'est à la femme belle, irrésistible, qu'est dévolue incontestablement cette satisfaction d'origine divine; car des deux souverainetés qui procèdent de Dieu, la beauté et le génie, celle-là exerce l'influence la plus immédiate. L'homme doit lutter pour devenir le maître,— la femme n'a qu'à se laisser voir.

Cette conscience de sa force nouvelle fut pour Marcelle une salutaire consolation. Elle s'inquiéta moins des froideurs de Bertrand qui, dans la voiture, lisait ou crayonnait toujours quelque mémoire ou rêvait tout haut des discours et des thèses philosophiques. Sereine depuis qu'elle avait confiance, convaincue, mais avare de cette beauté précieuse, elle résolut de ne plus l'aiguiser par la liberté engageante qui, naguère, conviait chacun à lui sourire; elle avait remarqué, d'ailleurs, combien ces triomphes de grand chemin et d'hôtellerie portaient ombrage à son mari, puisqu'en présence des étrangers il devenait attentif jusqu'à la surveillance, nerveux jusqu'à l'irritation. Elle composa son visage, évita jusqu'à l'ombre des passants, se réservant, quand elle pouvait monter à pied une côte, d'avancer comme si elle eût voulu s'égarer; puis, voyant le chemin désert et les chevaux soufflants bien loin derrière, de bondir, de chanter, d'appeler son petit Gilbert qui ne pouvait l'entendre, d'envoyer par les airs un baiser au vieil ami absent, et de murmurer tout bas avec une ardeur, avec une ivresse sauvage, le cantique de la liberté, de la jeunesse et de la vie, qu'elle sentait vibrer en elle ou qu'elle aspirait par delà ce double océan du lointain et de l'avenir.

Alors elle s'entendait appeler : c'était Bertrand, avec quelque nouvelle recueillie en chemin. Bertrand ne vivait que pour colliger, patient analyste, chaque symptôme de la vie ambiante, pour interroger chaque pulsation de l'artère sociale, et prescrire son remède accoutumé : — la réforme. Avec le laboureur, il causait réforme ; — réforme avec le soldat qui passait ; — réforme aussi avec le berger auquel il dessinait les énormes moutons dont la chair et la laine ne payaient ni taxes ni impôts dans la verte Pensylvanie. S'il avait la fortune de saisir au passage un curé ou quelque voyageur des ordres mendiants, quelles échappées encyclopédiques sur la consommation des bouches inutiles et la liberté de conscience ! Était-c un homme des gabelles : quand reverrait-on Necker aux finances ? un homme de loi : à quand les assem blées provinciales ? Cette propagande dévorante trou vait du reste des aliments partout. C'était l'heure où le malade inquiet tend volontiers le poing et la langue au médecin.

Mais de tous ces sujets de conversation, celui qui se traitait le plus chaudement et avec le plus d'unanimité, c'était la question de la guerre, ou plutôt de la paix annoncée. En France, on était redevenu exigeant; les préliminaires posés satisfaisaient à peine la nation jalouse ; et le bruit se répandant que les plénipotentiaires anglais se faisaient tirer l'oreille pour accepter les conditions, tout ce peuple épuisé des campagnes, ce peuple nu et souvent sans pain, criait avec des yeux brillants qu'il fallait recommencer la guerre et en finir une bonne fois.

Ces sortes de nouvelles n'étaient pas les plus divertissantes pour Marcelle, et venaient l'avertir souvent de l'instabilité et de l'imperfection du bonheur sur terre. Mais cette jeune amoureuse de Paris, pourvu qu'elle vît Paris, prenait beaucoup de choses en patience. La jeunesse n'admet pas les longues inquiétudes. Pourquoi la guerre, pourquoi la disette et la ruine, pourquoi le mal, puisqu'on allait à Paris ?

On y toucha enfin. La veille du jour où l'on y devait entrer, Marcelle sentit un battement de cœur qui ne la quitta plus. Elle ne dormit pas à Melun, où l'on coucha la dernière nuit. Marcelle passa la revue de son domestique, composé d'une femme de chambre et d'un vieux serviteur de Gilbert, ancien marin, dont le fils, également attaché à la maison, avait été laissé aux Vertes-Feuilles, près de l'enfant et du vieillard, comme plus capable d'un bon service. La femme de chambre, grosse fille sage et dévote, était habituée à ne rien voir, à ne rien imaginer au-dessus de la vicomtesse de la Blinais. Marcelle pensa qu'il était temps d'ébranler en elle cette foi tenace, et lui recommanda la discrétion, l'économie et l'humilité. En même temps, elle lui permit de s'habiller entre la tenue de campagne et la toilette des dimanches. On devait entrer à Paris vers midi. Marcelle elle-même, afin de paraître plus honorablement en pleine lumière du jour devant ces terribles Parisiens, qui sont censés faire la haie pour recevoir chaque voyageur qui entre, Marcelle changea de robe et de mantelet, se fit coiffer, tira du sac de la femme de chambre un éventail présentable, et, à peine rassurée par ces dispositions, appuya une main sur son cœur de plus en plus palpitant, et ouvrit ses grands yeux, qui ne quittèrent plus l'horizon dans lequel devaient venir s'encadrer, à dix heures précises, le dôme des Invalides et les tours de Notre-Dame.

X

Cependant les événements, ou plutôt les chevaux, ne marchèrent pas selon le programme. Je ne sais quelle clavette d'essieu manqua ou quelle *chaînette de gourmette*, comme disait, à cette époque même, le Chérubin de Beaumarchais ; toujours est-il que les sommités du panorama parisien ne firent point leur apparition au moment convenu. Il était plus de trois heures lorsqu'on décida de traverser la rivière au bac de Villeneuve-Saint-Georges, pour abréger, disait le nouveau postillon, en remplaçant la route fatigante de la rive gauche par la route neuve et sans côte de la rive droite. Bertrand s'impatientait, se désolait, Bertrand oubliait son formulaire d'interrogations, et, pour comble d'infortune, les nouveaux chevaux, écrasés par une chaleur d'orage, ne voulaient plus avancer qu'à l'ombre, et l'on n'en trouvait pas. Il devenait tout à fait impossible d'entrer à Paris au jour.

Au milieu des contrariétés causées par ce retard, Marcelle s'étonnait d'être calme et presque satisfaite,

elle qui avait le plus impatiemment de tous les
voyageurs attendu et désiré cette entrée à Paris.
Était-ce la fraîcheur du soir qui s'infiltrait en elle
après ce jour brûlant, et que son sang altéré buvait
avec délices? Était-ce la certitude de la possession
prochaine, qui désenfièvre presque à l'égal de la
possession même? Marcelle se sentit tout à coup
résignée, heureuse; elle avançait sans souhaiter
d'avancer plus vite; aux Carrières-sous-Charenton
elle demanda un temps d'arrêt.

Ceux qui condamnent les superstitions savent-ils
bien ce qu'ils condamnent? Est-ce à l'esprit qu'ils
s'en prennent? est-ce à l'âme? Cette âme est-elle si
précisément, si victorieusement définie, qu'on en
connaisse toutes les opérations, toutes les affinités,
toutes les contingences? A-t-on éprouvé sa sensibilité, mesuré sa portée? Si la raison prévoit, c'est au
grand jour de la vie. L'âme, dans son sommeil et
son ombre, ne pressent-elle pas? L'électricité humaine, est-ce un mot? L'intuition, est-ce une fable?
Ne la verrons-nous pas quelque jour resplendir sur
tant de ténèbres, cette théorie de la communication
des influences, c'est-à-dire des âmes?

Les Carrières-sous-Charenton sont un village ou
plutôt une rue bordée de maisons et de jardins dont

la plupart donnent sur la rivière. A la fin du siècle dernier, les maisons étaient rares et les jardins très-grands. La route de Paris, qui formait la rue de ce village, était peu fréquentée, beaucoup de carrosses et les services publics se dirigeant vers le centre de la capitale par Reuilly et le faubourg Saint-Antoine. Pourquoi le cocher de Marcelle avait-il choisi ce chemin, le plus illogique des trois? Pourquoi Marcelle avait-elle voulu s'arrêter aux Carrières? c'est une solution de plus à demander aux théories futures. Le carrosse s'arrêta : les chevaux voulaient boire, le cocher aussi. La nuit était venue, nuit douce, voilée des plus grandioses nuées blanches et gris d'ardoise. La lune s'en dégageait peu à peu, montant dans le ciel, et une nappe d'argent liquide transparaissait derrière ce rideau. Tout à coup on entendit un galop de cheval répercuté de loin par l'écho de la rue; Bertrand, qui était demeuré dans le carrosse auprès de sa femme, entendit prononcer son nom, et puis ce fut, entre le cocher, la femme de chambre et une troisième voix éclatante, une explosion de cris de surprise et d'explications sans nombre dont Marcelle s'inquiéta. Bertrand se pencha aussitôt hors de la portière, où parut alors le cavalier cause de tout ce tumulte.

Marcelle joignit les mains et se renversa en arrière

à la vue de cet homme qu'elle reconnut pour le fils de son cocher, celui-là même qu'on avait laissé aux Vertes-Feuilles près du comte Gilbert. Il était donc arrivé quelque malheur là-bas pour que ce jeune homme accourût ainsi !

Mais avant qu'elle eût achevé d'exprimer son épouvante, le visage tranquille, le geste affectueux et libre du serviteur avaient rassuré Bertrand, qui, par de bonnes paroles, réussit à persuader Marcelle à son tour.

— Tout le monde va bien aux Vertes-Feuilles, s'écria l'honnête garçon, n'ayez pas peur, madame, M. le comte est comme je ne l'ai jamais vu ; notre petit monsieur Gilbert mieux encore, et moi aussi, qui ai très-chaud, très-soif et suis très-fatigué depuis six jours que je n'arrête pas.

— Mais alors, pourquoi es-tu ici, Sulpice ?

— Je ne comptais pas rencontrer M. et madame ici, répliqua le jeune cavalier. Je croyais ne les retrouver qu'à leur logis du Marteau d'or, rue Saint-Honoré, à Paris, et voilà qu'à Villeneuve-Saint-Georges j'ai eu des nouvelles du carrosse, et, sachant combien vous étiez en retard, j'ai bien compris que j'allais vous rattraper avant Paris ; j'ai aperçu le carrosse depuis Charenton ; seulement, quand je l'ai rejoint, je m'étais promis de ne pas vous accoster tout de suite, de peur d'une trop grande surprise. Mais, avec ses cris et ses hélas, Tiennotte a tout gâté et mon père aussi, oui.

Des explications qui suivirent et qui étaient, on le comprend, avidement écoutées, il résulta que, trois jours après le départ de Bertrand, un courrier était arrivé aux Vertes-Feuilles, que le comte Gilbert en avait lu les dépêches et jugé l'intérêt assez pressant pour expédier son serviteur en poste, avec ordre de joindre au plus tôt le vicomte pour les lui remettre. Sulpice avait suivi pas à pas, pour ainsi dire, les traces de ses maîtres depuis Moulins, gagnant tous les jours sur eux, sans beaucoup de peine.

En même temps il ouvrit sa valise pour en tirer les dépêches. Bertrand l'arrêta. Une crainte lui était venue tout à coup. Si toutes ces assurances de Sulpice n'étaient qu'un délicat mensonge destiné à tromper l'inquiétude de Marcelle, à endormir ses soupçons, si le comte était mal, si l'enfant était mort, si seulement la nouvelle envoyée était mauvaise, comment Bertrand, la lettre une fois ouverte en présence de Marcelle, pourrait-il rester maître de lui, ou refuser à sa femme de la lui communiquer? Ces idées traversèrent son esprit comme un éclair sinistre.

— Ne secoue pas ce paquet ainsi sur la route, dit-il à Sulpice ; tu risques d'en perdre quelque chose. — Oui, oui ; c'est bien l'écriture de mon cher père, il me semble du moins.

— Lisez ! oh ! lisez ! dit la jeune femme. De la lumière, Tiennotte ; un flambeau, quelque chose !

Bertrand sortit du carrosse. Marcelle voulut descendre après lui.

— Restez, chère Marcelle, dit Bertrand, restez. Je vois ce que c'est, ajouta-t-il froidement en palpant l'enveloppe sans la rompre : ce sont des pièces du procès qu'on aura retrouvées chez le procureur et que mon père m'envoie. Reconnaissez-vous là sa tête de jeune homme ? Tant de hâte, tant de courses, tant d'argent pour me faire passer deux jours plus vite ce dont je n'aurai peut-être pas besoin avant un mois !

En parlant ainsi il s'éloignait insensiblement du carrosse comme pour chercher la clarté de la lune.

— N'y a-t-il pas une maison, là, où boivent les chevaux ? dit-il tout à coup.

— Une écurie, oui, monsieur le vicomte, un bouge, répliqua le cocher ; à quatre pas ; on y vend de l'eau-de-vie.

— Fais-y allumer une chandelle. Vous permettez, n'est-ce pas, Marcelle, que je jette un coup d'œil sur ces paperasses pendant qu'on attellera les chevaux? Une minute; je reviens.

Les dernières craintes de Marcelle, si elle n'eussent cédé à ce sang-froid, se fussent évanouies lorsqu'elle entendit Tiennotte riant aux éclats avec Sulpice sur la porte de ce cabaret où Bertrand venait d'entrer. Sulpice n'était pas homme à rire s'il eût apporté de mauvaises nouvelles des Vertes-Feuilles.

Et puisque rien ne menaçait tout ce qu'elle aimait au monde, Marcelle se souciait bien du reste!

Elle s'enfonça dans le carrosse, les bras croisés sur sa poitrine entr'ouverte aux brises fraîches qui montaient de la rivière par-dessus les vergers voisins. A cet endroit, la rue était assez large; l'ombre des maisons ou des masures la coupait d'une bande noire oblique, enveloppant, au plus épais des ténèbres, la voiture qui s'y perdait.

L'autre côté de la rue resplendissait à la lune. On y voyait s'étendre un long mur assez haut, assez grave, par-dessus lequel tombaient en touffes ruisselantes les panaches arrondis des lilas et des marronniers. Un vaste enfoncement en forme d'hémicycle s'ouvrait en retraite sur l'axe de ce mur avec un certain air de grandeur auquel ne contribuait pas médiocrement la décoration des grands arbres, des lierres et d'un ciel admirable flottant sur le tout. Le centre de l'hémicycle, noyé dans l'ombre des marronniers, se reconnaissait à deux pilastres surmontés de vases de faïence bourrés de joubarbes, et à l'un de ces vases qui se profilait vigoureusement sur un nuage ouaté, la lune gravait au flanc une éraillure éblouissante, au-dessous de laquelle tout s'effaçait confus et noir.

Marcelle s'abandonnait à ce spectacle avec une attraction rêveuse, quand, tout à coup, une petite porte s'ouvrant entre les deux pilastres découpa dans son quadrilatère oblong la profondeur d'un jardin baigné de brume lumineuse. La silhouette d'un homme apparut dans ce cadre et le franchit. La porte se referma brusquement et l'homme s'avança dans la rue à grands pas, haletant, comme s'il eût été poursuivi.

Il vint ainsi, aveuglé, effaré, jusqu'à deux toises du carrosse où Marcelle était ensevelie dans l'ombre. C'était un jeune homme de vingt ans, nerveux et frêle, arrachant son habit de léger velours noir pour découvrir sa poitrine, où frémissait une dentelle ravagée. Tête nue, le cou gonflé, il écartait ses épais cheveux en désordre d'un front puissant tout humide de sueur. Le désespoir, furieux et amer, étincelait dans ses yeux. Il s'arrêta pour lever au ciel sa tête pâle, qui s'inonda aussitôt de fraîcheur et de douce lumière ; alors l'éclat de sa prunelle s'éteignit, les muscles irrités se détendirent ; l'expression d'une intolérable souffrance, mélange de lassitude et de dégoût, décomposa ses traits hardiment accentués. Il recula en chancelant, comme s'il allait rouler sur le sable, et, laissant échapper un gémissement sourd, une imprécation peut-être, il s'affaissa quelques pas plus loin sur l'un des bancs de pierre encastrés dans le mur, à côté de la porte qui lui avait donné passage.

Marcelle regardait encore. Jamais visage humain n'avait parlé devant elle avec cette éloquence. Ce cri sauvage n'était pas l'accent de la douleur du corps, et, comme ces animaux du désert qui ne connaissent pas le lion et fuient tremblants à son rugissement, elle, qui ne connaissait pas la passion, en devina pourtant la voix terrible et se sentit remuée d'épouvante jusqu'au plus profond de ses entrailles.

Le jeune homme soupira encore une fois dans l'ombre, et l'on n'entendit plus rien. Était-ce donc son dernier soupir? La pitié s'éveilla ardente, irrésistible, dans le cœur de la vicomtesse. Apercevant Sulpice occupé au timon du carrosse, elle l'appela tout bas, et, désignant de son doigt le banc caché sous le feuillage :

— On dirait, murmura-t-elle, qu'il y a là quelqu'un qui se trouve mal.

En même temps elle descendait le marchepied, palpitante, et s'avançait à la découverte.

Au frissonnement de la robe de soie, le jeune homme releva la tête et regarda venir à lui, ou plutôt glisser mystérieusement cette vision enchanteresse azurée d'un reflet du ciel.

Soudain on entendit dans le jardin des cris confus, des chants avinés, des rires de femmes. Plusieurs voix appelaient avec des intonations railleuses, des pas précipités retentissaient sous les feuilles froissées, Marcelle recula, surprise et offensée de ce tumulte.

— Maurice! cria de l'autre côté du mur une voix d'homme insolente comme une fanfare, Maurice! où diable es-tu? Maurice, en es-tu mort?

Et tout le chœur invisible de battre des mains avec des éclats de rire.

— La petite porte est ouverte, continua la même voix qui avait fait tressaillir Marcelle comme de souvenir; c'est par là qu'il se sera sauvé!... courons après lui!

Ces derniers mots firent bondir le jeune homme. Ses traits, radieux d'extase tant qu'il avait regardé Marcelle, reprirent leur contraction farouche; il se précipita tête baissée dans la porte qui se rouvrait et la referma sur lui avec violence. Un fracas de cris et d'applaudissements salua son retour au jardin.

Bertrand cherchait Marcelle dans le carrosse, il l'appelait; elle se réveilla et revint lentement, sans remarquer l'émotion inaccoutumée qui animait le visage et le geste de son mari. Il lui demanda d'où elle venait; elle répondit que Sulpice avait cru entendre une personne qui se trouvait mal... là, en face.

— Oh! répliqua ironiquement la vieille aubergiste qui venait accompagner Bertrand jusqu'à sa voiture, là en face, ma chère dame, on ne se trouve jamais mal; il y a là dedans des chrétiens qui savent comment s'y prendre pour se trouver toujours trop bien. Voyez s'ils n'ont pas l'air de mettre le feu à la maison!

Bertrand interrompit cette femme en ajoutant quelque chose au pourboire. Les chevaux étaient attelés, le carrosse continua sa marche vers Paris, et Marcelle apprit alors de son mari triomphant, que la dépêche envoyée si vite par le vieux Gilbert contenait la nomination du lieutenant de vaisseau Bertrand de la Blinais au grade de chevalier de Saint-Louis, et l'ordre audit chevalier de se rendre à Versailles auprès de M. de Castries, ministre de la marine.

Et pendant que, ravie, elle remerciait Dieu de cette

joie et de cet honneur, à un détour de la route qui la remettait en face du village des Carrières, elle aperçut involontairement dans la nuit la maison mystérieuse et ses fenêtres rouges comme des yeux enflammés qui la suivaient à travers les arbres

On arriva enfin à Paris; Sulpice avait pris les devants pour préparer les logements au *Marteau d'or*. A onze heures, maîtres, valets, chevaux avaient soupé; à minuit tout dormait.

I

Ce bruit de cris et de chants étranges qui avaient blessé l'oreille de Marcelle, et dont l'explosion avait monté jusqu'aux nuages à la rentrée du jeune homme qu'on appelait Maurice, fit place au plus profond silence lorsque le cercle qui l'entourait en dansant le vit hébété, hagard, s'accrocher au bras du principal acteur de la bacchanale, en murmurant d'une voix éteinte :

— L'Estrigny! un mot, par pitié!

L'Estrigny, car c'était lui, répondit à cet appel

par une grimace d'intelligence faite à la troupe joyeuse. Chacun obéit et se retira, les hommes en haussant les épaules, les femmes en ricanant sous l'éventail.

— Eh! voyons, dit Joseph de l'Estrigny, voyons, Maurice de mon cœur, nous sommes donc malade? Ce vin de Rivesaltes nous a donc fait mal? Voilà ce que c'est que l'habitude de dîner et de souper à heures fixes chez papa président. L'estomac est un polype mal apprivoisé, mon ami. Tu es étourdi, hein?

— Joseph! gronda sourdement le jeune homme avec une crispation nerveuse.

— Là, là! c'est qu'il est méchant, le petit Maurice! Explique-moi donc un peu ce que tu allais chercher dehors?

— De l'air!

— Plaît-il? Tu allais chercher de l'air dans la rue? Il n'en restait donc plus dans le jardin, tu avais tout consommé? Diantre!

Maurice releva fièrement la tête et enveloppa la mine railleuse de l'Estrigny dans un regard éclatant que celui-ci eut grand'peine à soutenir.

— Pourquoi vous moquez-vous de moi, l'Estrigny? dit-il; ne voyez-vous pas que je souffre? ne voyez-vous pas que je suis excédé, humilié?

— Humilié... Pourquoi?... Ah! s'écria tout à coup

le cynique chevalier en faisant claquer ses doigts en l'air, bien! bien! très-bien!... Comment! mon pauvre Maurice... Eh! je comprends maintenant la petite rage de Sophie Forest. J'ai cru que vous vous étiez chamaillés... Elle pleurait, le diable m'emporte! — Ah çà, mais, Maurice, sais-tu que Forest c'est la plus belle fille, je ne dis pas de Paris, mais de France, mais d'Europe, mais du monde?... Maurice, Maurice, vous êtes trop difficile, mon ami!

— Joseph! emmène-moi d'ici!

— Voyons! voyons! pas de caprices! Un peu de persévérance; remets-toi; tu frissonnes, tes mains sont glacées. Pardieu! il a tout son sang au cœur et au cerveau! Diantre soit du petit homme!

— Hors d'ici, Joseph! hors d'ici! Tout ce bruit m'enivre, ces parfums me rendent furieux. Non! je ne suis pas né pour vivre comme les autres hommes. Tu as raison, tout mon sang assiége mon cerveau et ronge mon cœur. Vois-tu, je renonce : ne t'occupe plus de moi; je vous gêne tous, je vous fuis tous; désormais je ne sortirai plus. Hors d'ici, Joseph! hors d'ici!

Stupéfait d'entendre ce langage à la fois suppliant et furibond, l'Estrigny prit la main du jeune homme et le regarda profondément.

— Tu ne voudrais pas, dit-il, punir ces petites brebis de leur complaisance et de leur charité. Comment les ai-je décidées à venir ici? Comment ai-je décidé Bournonval, qui ne te connaît pas, à nous prêter sa délicieuse petite maison des Carrières? « Il y a, leur ai-je dit à tous, un pauvre garçon, un joli garçon qui dessèche d'ennui derrière les barreaux d'une prison où l'enferme M. de V***, son père. — Quoi! le président de V***, le grand président? — Mon Dieu oui! ce joli garçon, mon ami Maurice, est infiniment moins libre en l'hôtel de V*** que tous les bandits et galériens que M. son père envoie ramer à la chiourme. Il pâlit, il dessèche, il meurt : ne m'aiderez-vous pas à lui fournir un peu de respiration? » J'ai ajouté que déjà, plusieurs fois, ma charité personnelle t'avait rendu ce petit service; que, selon mes pauvres moyens, j'avais travaillé à t'obtenir quelques nuits de liberté. Je leur ai raconté comment je t'enlève de l'hôtel paternel, le châssis par lequel tu t'évades lorsque ton père te croit endormi, l'ingénieuse ascension grâce à laquelle je te réintègre en prison avant le point du jour, tous détails qui ont vivement impressionné l'auditoire. Il y a plus, Maurice, j'ai pour toi compromis une notable fraction du boulevard du Temple : j'ai raconté nos petites parties avec ces demoiselles d'Audinot, le peu de succès desdites parties, ton marasme, tes dédains et tes mécomptes. J'avouerai que ta froideur envers Audinot m'avait incité à un effort violent, déterminé aux plus énormes sacrifices. S'il n'est pas touché d'Audinot, me dis-je, allons de plus fort en plus fort, allons chez Nicolet; j'y allai. La Rivière, Seurette, Sophie Forest, ce qu'il y a de plus fort au monde, obtenons-le pour notre ami. Et c'est obtenu, et tu le tiens, et l'Olympe se roule à tes pieds; et tu veux t'en retourner en prison! Ah! Maurice!

Le jeune homme ne répondit à ce plaidoyer pathétique qu'en déchirant avec ses dents les derniers fils du point de Venise que ses ongles avaient laissés à ses manchettes.

— Maintenant, reprit l'Estrigny avec découragement, je suis au bout. Après Forest, quoi?... Forest!... Enfin, rappelle-toi donc les vers du *Journal de Paris :*

> Oui, c'est Vénus qui, désertant Cy'hère,
> Voudrait rester inconnue à la terre ;
> Mais chacun la devine au trouble de son cœur.

Si ton cœur n'est pas troublé, Maurice, qui diantre le troublera?

— Vois-tu, s'écria Maurice, qui lui saisit le bras et

le brûla de sa fièvre, je t'ai appelé, je t'ai désiré, je t'ai suivi; mes vœux, mes aspirations de chaque minute invoquaient ce moment que tu m'as donné. Quand tu m'arraches de la maison de mon père, et que ton cabriolet qui vole m'emporte vers ces plaisirs dont l'idée seule m'ôte la raison et le sommeil, je trouve ton amitié froide et ton cheval immobile. Mon sang n'est pas du sang, mais du feu. Si mon père pouvait me voir alors, lui qui veut glacer mes veines, ce n'est pas en sa maison, sous ses verrous, sous le poids des livres, sous l'infecte poussière des dossiers qu'il chercherait à m'étouffer désormais; c'est à Saint-Lazare, dans les cachots noirs; c'est à Bicêtre, dans les cabanons de granit; et là, Joseph, là même, il ne m'éteindrait pas! Mais que j'entre avec toi dans ce salon brûlant de feux et de regards, que les fantômes enivrants de mes nuits s'approchent, réalités palpitantes, que je les voie me sourire, que je les sente m'étreindre, voilà mon front qui blêmit, la sueur qui l'inonde, ma main qui se glace, mes yeux qui se brouillent. Le rire de ces femmes me fait mal. Seul près d'elles, j'ai peur. Cette machine automate dont le ressort décoche un clin d'œil et glapit un mot tendre, cette créature inconnue hier, odieuse demain, dont je me trouve sans transition la propriété et le propriétaire; et l'heure qui sonne, et tout qui me crie : Hâtez-vous! et vos rires moqueurs derrière les tapisseries, et vos chuchotements qui insultent à mon agonie, voilà le plaisir que tu m'as donné, Joseph, le plaisir que j'eusse été chercher à travers des charbons ardents; c'est la folie, c'est l'impuissance, c'est la mort! Ah! si mon père le savait, comme il serait vengé, comme il ouvrirait à deux battants la porte de l'hôtel, comme il mettrait dans mes mains les rênes, comme il me dirait : Va! va donc et éteins-toi!

L'Estrigny, les mains dans ses poches, piétinait assez impatiemment sur place. Tous ses calculs étaient dérangés, ses théories mises en déroute par cette charge désespérée.

— Que diantre te faut-il donc alors? dit-il tristement.

— Rien, la nuit, la solitude, le silence : des ombres passant, rêveuses, impalpables, au fond de mon imagination que ravit toute poésie. Pourquoi tes femmes parlent-elles, pourquoi chantent-elles, pourquoi les entends-je marcher?... Moi, moi misérable qui me change en cadavre alors que ces Vénus, comme tu dis, m'approchent et me touchent; moi en qui leur baiser n'engendre que le néant, le dégoût et la honte; moi dont vous riez, dont elles rient...

— les entends-tu rire... ta sublime Forest la prémière? — moi je suis, avec mes ombres bien-aimées, le dieu de la jeunesse, de la flamme et de la vie; c'est moi qui marche à elles, moi qui leur tends une main hardie, moi qui tressaille enivré d'amour au battement muet de leurs cœurs. Je les regarde, elles baissent les yeux; je les dévore, elles tremblent; le flot monte tumultueux à mon sein, qui déborde de puissance et de volupté. Elles ne me disent rien, leur lèvre frémit; c'est assez, nous nous comprenons et nos âmes se confondent.

— Eh! mon cher enfant, répondit ironiquement Joseph, il fallait me dire que tu aimes les ombres ; moi qui m'exténue à courir pour toi après les corps!... Enfin je commence à te comprendre. Diantre! mon fils, tu es plus vieux que tu ne crois. Tu raffines, sais-tu!... Tu brodes! Des femmes qui baissent les yeux, des femmes qui ne marchent pas, qui ne parlent jamais! Peste! Et tu te figures que tu en rencontreras !

— J'en ai vu — j'en vois encore... Tiens, il n'y a qu'un moment, lorsque je suis sorti ivre et révolté, j'étais tombé sans connaissance sur le banc, près de la petite porte. Un brouillard noir m'aveuglait; je sentais ma vie et ma raison se dissoudre en ces vapeurs malfaisantes; tout à coup une grande lumière m'a environné; j'ai vu s'avancer à pas tremblants une femme dont les yeux, attendris et tristes, cherchaient en moi et appelaient mon âme; je me sentais revivre au rayon de ce regard; on eût dit que cette femme avait peur de moi, et pourtant elle venait à moi. Je peindrais de mémoire son front, ses cheveux légers, la majesté de sa taille et le charme de sa démarche, sa beauté suave et intelligente dont chaque trait m'est resté là. Tiens, Joseph! ce souvenir seul me rend la force et le vouloir. Elle est venue là, comme pour me dire : Regarde bien, ceci est une femme! — Et je le sais désormais, Joseph, et je ne l'oublierai pas.

— Tu as vu une femme comme cela dans la rue des Carrières... Un ange, n'est-ce pas? venu exprès pour toi sur un chariot de feu! Allons, répondit l'Estrigny, il y a transport au cerveau, hallucination; mon ami est fou.

— Je le sais, oui, Joseph! oui! je n'ai vu cette femme que dans mon cerveau malade. Mais je l'ai vue, et n'en veux plus voir d'autres. Si je suis fou, ce n'est pas ici que je guérirai, n'est-ce pas? Reconduis-moi à Paris, je te prie.

L'Estrigny, avec saisissement :

— C'est impossible, dit-il, tu ne feras pas cela. Que dira-t-on? comment expliquerai-je cette inconvenance. C'en est une, mon bon Maurice ; ces petites Nicolettes sont venues pour toi ; elles nous attendent : on va faire une partie de bain ; on soupe dans l'île, aux flambeaux.

Le jeune homme fronça le sourcil. Ce pli creusé tout à coup sous son front donna une expression tellement impérieuse au reste du visage, que l'Estrigny eut peur de s'aliéner l'homme du monde qu'il tenait le plus à obliger.

— Qu'il soit fait comme tu veux, répliqua-t-il. Permets-moi, seulement...

— De rester ? c'est trop juste. Reste. Tu t'amuses, toi, Joseph. Ton laquais la Briche me reconduira.

— Oh ! s'écria l'Estrigny câlinement, mon laquais... Pour que tu te brises les os en route ? Tu sais bien que personne ne peut mener mon cheval anglais. Donne-moi deux heures, veux-tu ?... Une, là ; une seule... Fais ta paix avec cette pauvre Forest, nous partirons ensuite...

— J'ai un moyen très-simple, répliqua froidement Maurice, de ne déranger personne. J'irai à pied par le bord de l'eau. La nuit est superbe, je pars... Merci... Adieu.

L'Estrigny arrêta Maurice en l'enfermant dans ses bras.

—Voyons, voyons, mauvaise tête, méchant petit frère, murmura-t-il; vous voulez donc faire mourir ce pauvre Joseph? A pied!... Et les espions de M. Lenoir, qui nous verraient et l'iraient dire à papa président... Et les filous, qui nous prendraient notre bel habit neuf et nous jetteraient à la rivière! Allons, je fais atteler le cabriolet... Nous partons. Une minute seulement pour prévenir les femmes.

—Pas une seconde! Vous me jurez que vous n'avertirez personne, et que nous nous échapperons sans être aperçus? Dites que je suis un peu malade... un peu ivre, ajouta-t-il en rougissant, et que je demande une heure de sommeil, pendant qu'on se baignera...

— Très-bien... C'est juré.

L'Estrigny appela son laquais, auquel il donna mystérieusement ses ordres.

— Et puis, mon brave Joseph, reprit Maurice, réglons notre petit compte.

— Comment! s'écria l'Estrigny mécontent.

— Je veux dire mon compte avec Nicolet. Elle est vraiment charmante, cette mademoiselle Forest, et ce n'est pas sa faute si je n'ai pu l'aimer. Je lui offrirais bien un présent, mais mon père me laisse manquer d'argent.

— J'en ai, interrompit Joseph ; j'en ai, Maurice ! tout à votre service... Mais de l'argent à cette pauvre Forest qui est admirable et qui a seize mille livres de rente ! elle les a, puisqu'on les lui donne, sans compter ses appointements à elle... De l'argent, comme à une soubrette d'Audinot !...

Maurice tira vivement de son gousset une splendide boîte de montre montée en diamants.

— Par malheur, c'est la montre que m'avait laissée ma mère, dit-il d'une voix troublée, et je veux la conserver ; mais on peut détacher les deux cercles de diamants. Offrez-les ce soir, je vous prie, en souvenir, à mademoiselle Forest...

— Allons donc ! allons donc ! les diamants de votre mère ! Pauvre cher Maurice ! jamais ! jamais ! La Forest est une créature impayable, c'est vrai ; mais il ne faut pas qu'on voie sur elle ce qu'on a vu à la ceinture de madame la présidente de V*** ; diantre !

Il tira lui-même une de ses deux montres, la plus élégante.

— Je lui ferai accepter celle-ci en votre nom, dit-il avec un laisser-aller de gentilhomme.

— Et comment m'acquitterai-je envers vous, mon brave Joseph ?... Comment payer ?...

Un sourire effleura les lèvres minces du chevalier.

— Bon! dit-il, vous me payerez plus cher que tout cela ne vaut; mais la Briche me fait signe, partons.

Quelques moments après ils volaient, selon l'expression de Maurice, sur la route de Paris. Ce cabriolet, nouveau alors, et dont la mode s'était emparée avec fureur, ce météore, effroi des passants, dévora en vingt-cinq minutes les deux lieues qui séparaient les Carrières de l'hôtel du président de V***, au Marais.

Chemin faisant, Joseph déploya devant le soucieux adepte ses aperçus les plus brillants sur l'art des distractions; il s'inquiéta du morne silence de Maurice.

Mais il n'insista pas. L'Estrigny n'était pas assez maladroit pour solliciter à la victuaille un estomac rebuté. Il résolut d'attendre la résipiscence de l'appétit.

Le cabriolet tourna la rue de la Perle, où était situé l'hôtel de V***, et pénétra dans la petite rue Thorigny, sur laquelle donnaient les bâtiments en retour. Il était minuit; ce grave quartier, désert et noir, sommeillait à l'ombre de la magistrature. L'Estrigny arrêta son cheval fumant sous une fenêtre des entre-sol de l'hôtel, et de sa mèche de fouet cingla une vitre de cette fenêtre, à laquelle se montra aussitôt une tête en bonnet de nuit.

— L'honnête Barbeau est à son poste, murmura l'Estrigny ; va te reposer, Maurice, va dormir.

— Oui, murmura le jeune homme. Je vais bien me rafraîchir, je travaillerai toute la nuit !

Et il serra étroitement la main de l'Estrigny, qui descendait du cabriolet pour aller prendre le cheval à la bride.

Maurice grimpa légèrement sur les cercles de la capote, saisit la corde que lui avait tendue son valet de chambre, posa un pied sur le bandeau de pierre, l'autre sur l'appui de la fenêtre, et, reçu dans les bras du vieux Barbeau, sauta dans la chambre.

— Adieu, dit-il à Joseph ! merci !

Et il allait disparaître.

— A propos, lui glissa le chevalier d'une voix caressante, puisque tu travailles cette nuit, avance un peu mon affaire des Vertes-Feuilles ; délivre-moi des la Blinais.

— Sois tranquille, répliqua Maurice en refermant la fenêtre ; adieu !

XII.

Marcelle, en s'éveillant dans sa chambre du *Marteau d'or* au bruit inaccoutumé des voitures et des cris de Paris, apprit que le vicomte de la Blinais était parti de très-bonne heure pour Versailles, afin de ne pas manquer l'audience de M. de Castries, grand travailleur matineux. La jeune femme secoua péniblement sa tête encore sensible des cahots et des émotions du voyage, et reçut à son petit lever le coiffeur, les marchands et l'hôtesse introduits par Tiennotte.

Son admiration pour les étoffes, les modes et toute la recherche du luxe parisien, son bonheur de vivre au milieu de tant de monde et de merveilles, son extase, duraient encore, — il était pourtant midi, — lorsque Bertrand revint, soucieux, affamé, malgré le reste d'auréole qu'il rapportait du paradis de Versailles. M. de Castries l'avait accueilli avec faveur, en audience particulière, et lui avait désigné le jour de sa réception dans l'ordre de Saint-Louis; mais, en échange de tout cela, il lui avait demandé de partir pour Brest avec une mission auprès de l'amiral comte d'Orvilliers.

Marcelle se récria douloureusement. Elle ne voyait pas ce départ avec la stoïque impassibilité du marin habitué à obéir. Être ainsi séparée de son mari au moment le plus heureux de leur réunion, au moment de partager avec lui le premier plaisir qu'elle eût rencontré dans la vie; rester seule au milieu de Paris, cette caverne! Marcelle, se pénétrant plus profondément de son malheur à mesure qu'elle le détaillait, finit par perdre la tête, s'assit découragée et versa un torrent de larmes.

Les consolations de Bertrand manquaient d'éloquence, de conviction surtout. Marcelle, avec un peu plus d'insistance dans le regard, eût deviné une autre vérité sous cette première vérité qu'on lui présentait comme essai. Bertrand, voyant le désespoir de sa femme, la gronda de comprendre si mal sa position, puisque la vie du marin et du soldat ressemble à celle de l'oiseau sur la branche. Il se figura qu'en secouant un peu le moral de cette douce créature il en chasserait le chagrin. Elle ne s'obstina pas dans la manifestation d'une douleur que l'on condamnait; mais, refoulée de nouveau en elle-même, elle se répéta tout bas que décidément la chance lui devenait contraire et que Paris commençait mal.

Bertrand, qui parlait si peu d'habitude, ne tarit pas ce jour-là. Cette loquacité des bouches discrètes trahit toujours un besoin de mentir. A chaque bordée de phrases, Marcelle cherchait parmi toutes ces choses quelle était la chose que Bertrand ne lui disait pas. Mais comment oser l'interroger ? N'allait-il pas gronder encore et se fatiguer des doléances d'une enfant sans caractère ?

Bertrand, prolixe, piétinant, indifférent à ce Paris tant souhaité, toujours consultant sa montre sans décider rien, finit par se rappeler Cornevin, et il lui échappa de dire à Marcelle :

— Pourvu que j'aie le temps de le voir !

Ces mots rouvrant la blessure, Marcelle, poussée à bout par l'inquiétude, prit un grand parti ; elle s'approcha de Bertrand, lui retint les mains dans ses petites mains froides, et attachant son œil suppliant sur des yeux qui voulaient l'éviter, elle demanda en grâce à être traitée en amie, en compagne, en femme ; elle demanda le dernier mot de la vérité, le jour du départ.

Elle se croyait sûre de son courage ; elle s'était cuirassée de tout l'acier de son pauvre cœur. Ber trand, trompé par ce dehors intrépide, répondit que le ministre eût désiré ce départ pour le soir même; mais que, par égard pour une jeune femme arrivée à peine, et sans amis, sans appuis, sans gîte, douze heures de grâce seraient accordées. Il était midi; dans dix-huit heures Bertrand serait en route.

Marcelle demanda, toute pâle, s'il n'y avait pas d'exemple qu'un officier en mission eût emmené sa femme; elle se hâta d'ajouter qu'à cheval, en poste, à double vitesse, n'importe où, n'importe comment, elle promettait de suivre.

Bertrand fut touché profondément. Il regarda sa femme comme jamais encore il ne l'avait regardée; il alla jusqu'à lui serrer la main; mais en même temps il sourit de cet air qui faisait tant souffrir Marcelle, et haussa les épaules.

— Bien, murmura-t-elle, j'ai dit une sottise; — bien!

Puis, après quelques moments de silence:

— Combien de jours serez-vous absent?

— Le sais-je? allait répondre Bertrand, rêveur; mais il surprit sur les joues de Marcelle une rougeur fiévreuse, dans ses yeux un point lumineux qu'il ne connaissait pas. Elle attendait, elle se dévorait, mais elle voulait savoir.

— Quinze jours, dit-il, si je n'ai pas de retards.

— Cela signifie trois semaines, un mois peut-être, répondit Marcelle. — Bien !

Et elle étouffa son soupir.

— Vous aurez pensé, n'est-ce pas, reprit-elle, que je ne saurais pendant un mois rester seule à Paris. J'y suis étrangère, vous le savez, et abandonnée. Mais vous avez disposé de moi sans doute ?

— J'ai eu le temps à peine de me reconnaître moi-même, dit Bertrand, vaincu par cette résignation. J'ai été tellement étourdi, ma chère Marcelle, que je n'avais plus une idée à moi. Je vais demander un bon conseil à maître Cornevin, qui nous l'a promis.

— Vous permettrez que je vous accompagne, monsieur, répondit la jeune femme ; vous n'avez plus que peu de minutes à demeurer avec moi. Je ne veux pas en perdre une seule.

Bertrand dit oui par un signe ; il n'eût pu parler, tant son cœur était gonflé. Il prit dans ses deux mains la tête charmante qui se courbait devant lui et la baisa tendrement au front. Une heure après, tous deux descendaient de voiture sur la place de la Ville-Neuve, — rue Bourbon-Villeneuve d'aujourd'hui, — et, cherchant des yeux le logis de l'*Image de Notre-Dame de Cléry*, s'orientaient pour trouver la maison de l'avocat. Pendant tout le chemin, dans ce quartier du Palais-Royal, enchantement des gens de province, Bertrand n'avait rien regardé. Marcelle n'avait rien vu.

La maison de maître Cornevin, longue et fluette, se composait de deux étages en maçonnerie, sur un rez-de-chaussée en pierre. On y entrait par une allée sombre et sinistre, comme toutes les allées du Paris d'alors, et rien ne manquait aux horreurs de ce passage, pas même la trappe de cave à anneau de fer qui, dans les maisons populeuses, ouverte trop souvent, et trop rarement refermée, engloutissait, bon an mal an, plus de victimes que tous les piéges et traquenards de France.

Mais comme la maison n'était habitée que par maître Cornevin, la trappe était plus sobre. L'allée même, rigoureusement fermée tout le jour par une bonne porte à guichet, ne pouvait servir d'embuscade ou de cloaque à personne. Et si le visiteur, introduit sur un coup de sonnette, se trouvait réduit à chercher sa route à tâtons le long du mur, ce mur, du moins, conduisait-il l'étranger, un peu blanchi, mais intact, aux premières marches de l'escalier. Là, on recevait la rampe en pleine poitrine, on était sauvé.

Ainsi vécurent, et nous en rions, des gens qui nous

valaient bien et qui vivaient mieux que nous. Nécessité à part, le bien-être est chose relative, et Sénèque prétend que même dans ce mot nécessité il n'y a rien d'absolu. On prouverait ainsi que nos pères jouissaient d'un bien-être au moins égal au nôtre; toujours est-il qu'ils se plaignaient moins que nous et que maître Cornevin se considérait comme un des plus délicats bourgeois de Paris. C'était d'ailleurs l'opinion de tout son quartier. Revenons à cette rampe tutélaire.

A peine l'avait-on saisie et ébranlée, qu'au premier étage une voix, si c'était le jour, une chandelle et une voix si c'était le soir, accueillaient le survenant. La voix, criarde et hospitalière tout ensemble, était celle d'une fillette de seize ans qui se précipitait par les degrés au-devant du visiteur, emportait son nom et son signalement qu'elle allait, ou plutôt qu'elle volait reporter à une vénérable dame assise dans un petit parloir sur la cour. Cette dame, selon l'importance de la visite, allait la recevoir ou l'attendait; suivant l'opportunité, la congédiait ou la conduisait à maître Cornevin, dont le cabinet, flanqué de ce bastion comme d'un poste avancé, ne s'ouvrait pas banalement et sans défense préalable.

Mais, lorsque le nom de la Blinais eut retenti dans

l'escalier, la fillette le cria au parloir; au parloir, un écho le saisit pour le renvoyer au cabinet, d'où sortit subitement un autre cri de joie. Le vicomte Bertrand et sa femme n'étaient pas encore entrés dans l'appartement que le vieux Cornevin leur prenait la main au milieu de l'obscurité pour les introduire lui-même dans son sanctuaire. Là il faisait grand jour, là on se voyait; on s'embrassa d'abord, on se regarda ensuite.

Mathieu Cornevin assura qu'il croyait revoir en Bertrand le comte de la Blinais à l'âge de trente ans; ce souvenir de la jeunesse le réchauffait, dit-il, comme un rayon de la jeunesse elle-même. Marcelle, son exquise beauté, eurent part ensuite aux admirations du vieillard, tandis que dame Hilaire, que plus tard Cornevin présenta comme sa tante à la mode de Bretagne, assistait, curieuse et touchée aussi, à ce spectacle dont pas une nuance n'échappait à la petite servante, adossée au chambranle de la porte au fond du corridor.

Pendant qu'on les examinait, Marcelle et Bertrand observaient, de leur côté, le célèbre avocat dont il avait été question tant de fois aux Vertes-Feuilles. Cornevin ne ressemblait guère au pétulant Cornevin si vanté par le comte Gilbert. C'était un grand vieillard, dont la tête, longue et énergique, avait le caractère d'un buste de Cicéron; ses pommettes développées accusaient la finesse et une somme suffisante de ruse pour déjouer toute ruse qu'on lui eût opposée; son nez, fortement cambré, comme celui du grand Romain, était impérieux et hardi ; sa bouche, d'une commissure facile, aux lèvres pleines et grassement modelées, avait pour base un menton ferme, opiniâtre, taillé carrément dans le marbre; le front fuyait peut-être un peu sous les rouleaux de la perruque; mais l'angle facial, largement ouvert, dénotait une imagination de poëte; quant aux yeux, petits et fins, d'un brun fauve, ils avaient gardé sous les rides, protégés par la saillie d'un sourcil hérissé, leur expression railleuse et leur regard impitoyablement scrutateur. En un mot, cette tête, intelligente, circonspecte, cachait encore plus qu'elle ne laissait voir, et c'est une puissance que trop souvent l'âge enlève aux hommes de travail, quand l'esprit n'a plus la force de commander et que les muscles ne veulent plus obéir.

Ce Cornevin, habillé d'une robe de chambre de bure, le col nu, frottant une boîte d'argent guilloché entre ses mains longues et fermes, fit sur Bertrand l'impression qu'il souhaitait d'éprouver. Il sentit un baume filtrer jusqu'à son cœur : c'était la confiance.

On commença par causer voyage, plaisirs, Paris. Cornevin fut surpris de voir l'effet singulier produit sur ses clients par tant de mots magiques, et, sur un soupir de Marcelle, Bertrand instruisit aussitôt l'avocat de son cruel départ pour Brest. Cornevin observait le mari et la femme; il ne fut pas longtemps à comprendre ce que Marcelle n'avait pas compris, et bientôt après, se levant sous prétexte de faire voir de plus près ses livres, ses médailles et la tapisserie de son cabinet à Bertrand, il avertit dame Hilaire, par un signe imperceptible, d'avoir à s'occuper de Marcelle; ce qu'elle fit, en sorte que, de pas en pas, Cornevin entraîna Bertrand, d'abord sur le balcon pour lui montrer l'ancien logis de son père, puis hors du cabinet même, pour lui montrer le reste de la maison. Dame Hilaire et Marcelle causaient Paris et ménage. Aussitôt que les deux hommes furent seuls ensemble sur le palier, Bertrand, changeant soudain d'expression et de langage :

— Monsieur, dit-il, vous êtes le conseil et l'ami vers lequel nous a envoyés mon père; vous aurez bientôt entre les mains notre fortune, notre vie, qui sont en sûreté chez vous, je le sens. Pour le présent, sauvez-nous d'un grand péril; ma femme, que vous voyiez tout à l'heure si triste et si préoccupée de mon départ pour Brest, ne sait pourtant qu'une faible partie de la réalité. Je pars, mais non pas pour quinze jours, comme je le lui ai donné à croire, afin de ne pas la désespérer; je pars chargé d'une mission de la plus rigoureuse urgence auprès du bailli de Suffren. Je ne le rencontrerai pas en quinze jours, vous le comprenez, puisqu'il est dans l'Inde, où le roi veut, je le suppose, qu'il cherche et batte l'amiral Hughes à tout prix, pour forcer la paix qu'on nous fait trop attendre depuis les préliminaires. Ainsi, monsieur, partant demain matin, sans rien dire à cette jeune femme qui compte me revoir dans un mois au plus, et que jamais peut-être je ne reverrai, comment puis-je faire, d'abord, pour l'entretenir dans cette confiance, ensuite pour ne pas l'abandonner sans protecteur ici? Je la renverrais immédiatement chez elle aux Vertes-Feuilles, si, d'une part, je ne craignais de l'épuiser par cette double fatigue, si, d'autre part, elle ne devinait pas, en se voyant éloigner de Paris, que je ne puis y revenir moi-même. Marcelle, ma femme, est douce, naïve et faible; son cœur se briserait; je ne veux pas qu'elle reçoive ce coup sans préparation. Monsieur, je souffre plus que je ne puis dire; l'honneur que me fait le ministre est si grand, l'occasion qui m'est offerte de servir mon pays est si considérable, que je ne m'épargnerai pas, croyez-le; cependant, j'ai cette femme, une créature angélique; j'ai un petit enfant, et mon père tendrement aimé; les quitter ainsi, c'est un sacrifice douloureux; voilà pourquoi, monsieur, vous me trouverez peut-être moins solide d'esprit qu'à l'ordinaire. Mes pensées se combattent, je vois un peu trouble. Aidez-moi.

L'avocat considérait d'un œil affectueux cette mâle nature aux prises avec une émotion que comprimait l'orgueil. La lutte l'intéressait. La difficulté l'excitait. Il garda quelque temps le silence.

— Vous ne trouvez rien, dit le vicomte. Je suis bien malheureux.

Cornevin appuya paternellement sa main sur l'épaule de ce fils à protéger.

— Il faut d'abord, répondit-il, que madame de la Blinais ne se doute de rien et qu'elle reste à Paris encore un certain nombre de jours, croyant vous attendre. Peu à peu vos lettres ou mes préparations l'auront rendue raisonnable; elle se sera d'ailleurs reposée et rafraîchie; elle pourra retourner aux Vertes-Feuilles.

— Mais, monsieur, demanda Bertrand, ces quelques jours à Paris, où les passera-t-elle? Dans une hôtellerie? C'est impossible. Il vaut mieux, peut-être, qu'après mon départ vous receviez une lettre de mon père que j'aurai averti, qui feindra un malaise ou rappellera Marcelle auprès de son enfant. Elle ne demandera qu'à partir. Une fois là-bas, mon père l'instruira. Elle sera au moins en sûreté chez elle.

— Mais, monsieur, interrompit Cornevin, vous oubliez dans tout cela votre procès. Vous étiez venu ici pour le solliciter. Vous absent, il faut que quelqu'un s'en occupe. Ce n'est pas une affaire à négliger.

— Madame de la Blinais ne peut la conduire, cette affaire.

— Elle peut la conduire beaucoup mieux que vous ne pensez. Nos magistrats ne sont pas seulement habitués à entendre des causes, ils aiment à connaître personnellement les parties, et l'usage veut qu'on se montre à son juge; ne pas le faire, c'est déserter son droit; déserter son droit, c'est en douter. Cette maxime est un paradoxe en morale; mais le fait, ici, et la routine surtout, dominent dans toutes les questions. Vous auriez le plus grand tort de faire partir madame de la Blinais sans qu'elle ait fait, en votre nom, ses révérences, et présenté vos lettres de recommandation. Vous n'avez pas oublié de vous en munir, n'est-ce pas?

— Assurément, monsieur; ma femme a une lettre pressante de monseigneur l'archevêque de Montbrison, qui est de nos amis.

— A qui est adressée cette lettre?

— Au président de V***, son camarade d'enfance.

— A merveille! M. le président de V*** est justement votre président, il a retenu l'affaire à sa chambre; il faut donc que cette lettre soit remise, et comment le serait-elle mieux que par une telle solliciteuse? Je vous indiquerai d'autres visites à faire : les conseillers influents.

— Quoi! il serait convenable qu'une femme, jeune et seule, fît des visites?

— Il serait étrange et malheureux, monsieur, qu'elle n'en fît pas. Ne craignez qu'une chose, c'est qu'elle en fasse trop peu; nos magistrats aiment les belles distractions. Ces idoles qui restent seules debout aujourd'hui sur toutes nos ruines, et qui n'y resteront peut-être pas longtemps, se connaissent en encens et s'y montrent délicates. Encensez, monsieur, encensez, il s'agit d'un gros intérêt.

Dans ces mots arrachés du cœur avec une amertume presque sombre, Bertrand reconnut la rancune de la vieille indépendance gauloise, confessée par les réformistes du grand siècle, et dont les manifestations si longtemps étouffées ne se contraignaient plus ni devant le trône ni devant la loi.

Il frissonna malgré lui en face de ce vieillard, son coreligionnaire en philosophie, l'antithèse, qui sait? l'ennemi peut-être de l'autre vieillard son père. Et les prédictions du comte Gilbert, à propos du jardin anglais, lui revinrent à la mémoire.

— Marcelle restera donc le temps nécessaire, dit-il, voulant couper court à ces préoccupations douloureuses. Seulement, où la placerai-je?

Mathieu Cornevin, sans répondre, se mit à monter le second étage, et conduisit son hôte dans un appartement, répétition exacte du sien : grande chambre sur la rue, autre chambre plus petite, et salle obscure servant de vestibule.

— Je ne vous ai pas montré ma maison, dit-il, voici un logement vide. La maison est trop grande pour moi seul, et j'ai loué quelquefois ces chambres à des clients embarrassés de se loger en ville ; mais c'étaient des gens simples, peu bruyants et décidés à vivre un peu seuls. Tout ici est modeste. Ma gouvernante est vieille; et comme le gouvernement de la maison roule sur elle seule, je ne veux pas la fatiguer. Elle ne le voudrait pas non plus. Dame Hilaire se défend : c'est mon parlement, à moi.

— Monsieur, s'écria Bertrand, me donneriez-vous à entendre que vous me permettez d'installer ici ma femme ?

— C'était, en effet, mon idée, dit simplement l'avocat. Madame de la Blinais m'a paru être sensée et facile à vivre. Elle pourrait, ou prendre ses repas chez elle, — nous avons, ici près, le meilleur rôtisseur de Paris, et la halle à deux pas, — ou, pour être moins seule, me faire l'honneur de s'asseoir à ma table, qui est, je l'avoue humblement, moins médiocre qu'il ne conviendrait à un homme de mon état. Dame Hilaire passe pour une excellente cuisinière ; cela m'a gâté. Il y a ici la servante pour les ouvrages pénibles. Je pense que madame de la Blinais retient près d'elle une femme de chambre, deux peut-être.

— Une seule, dit Bertrand, fier, cette fois, de la simplicité.

— Voilà qui va bien, monsieur ; cette femme a sa chambre ici, sous la clef de sa maîtresse. Aux combles, loge un petit coquin de laquais, mon sauteruisseau ; mais je le mettrai dehors tant qu'il y aura des femmes dans la maison. Ces drôles sont intelligents aujourd'hui et regardent aux robes de soie. Madame de la Blinais sera ici chez elle et près des conseils de son avocat. J'avais pensé aussi que nous pourrions, si sa santé ne s'y oppose pas, prier monsieur votre père de venir accompagner sa bru. Des cheveux blancs à côté de ces beaux cheveux blonds, ce sont deux sollicitations pour une. Mais on règlera cela en temps et lieu. Êtes-vous satisfait?

— Je pars content, répondit le marin, en pressant affectueusement les mains de l'avocat. Ma femme aura ici bon séjour, bon exemple, bon appui.

— J'en réponds. Descendons maintenant pour ne rien faire suspecter.

Il était temps. Marcelle commençait à se défier de cet aparté; elle courut inquiète vers son mari, qui rayonnait.

— Voyez, lui dit Bertrand, si M. Cornevin n'est pas notre providence; savez-vous qu'il veut bien vous offrir l'hospitalité chez lui pendant le temps de mon absence. Venez donc voir le bel appartement que vous pourrez occuper.

— Si vous n'avez aucune répugnance, se hâta d'ajouter Cornevin, à vivre avec de vieilles gens maussades.

Marcelle voyait Bertrand heureux, elle ne craignait plus rien; elle l'attendait sous un mois, elle restait à Paris, ne fût-ce que pour le voir de sa fenêtre. Elle

accepta tout et remercia Cornevin avec effusion. Dame
Hilaire en fut gagnée jusqu'au cœur.

— Vous garderez votre cocher, dit Bertrand; si
notre carrosse est ridicule, vous en louerez un autre.
Vous visiterez ainsi ce grand Paris, Versailles, d'après
les indications de maître Cornevin...

— Quelquefois, le dimanche, avec ma compagnie,
si elle agrée à madame, ajouta le vieil avocat.

Tout fut réglé ainsi. Dame Hilaire fit mettre en état
l'appartement et le mobilier du deuxième étage. Deux
heures y suffirent, grâce à l'ordre de toutes choses qui
régnait dans la maison. Pendant ces deux heures,
Sulpice, son père et Tiennotte avaient opéré l'emménagement des bagages retirés du Marteau-d'Or. Marcelle exigea que son mari emmenât avec lui Sulpice,
ce que Bertrand feignit d'accepter, se réservant de le
renvoyer directement aux Vertes-Feuilles, à son père.
Le reste du jour, occupé par les tendres soins de
Marcelle et les préparatifs de Bertrand, s'écoula vite.
Cornevin, avant de prendre congé du voyageur, se fit
une fois encore expliquer le procès, les pièces, et discuta le tout en présence de Marcelle, qui devenait
désormais gérant de la communauté. L'avocat, aux
intuitions duquel rien ne pouvait échapper, comprit,
à l'attitude posée, à l'ardente bonne volonté de la

jeune femme, qu'elle servirait la cause avec autant de zèle que d'intelligence. C'était le seul point qui fût encore indécis dans son esprit.

Rassuré sur son auxiliaire, il ne songea plus qu'à soulager Bertrand des préoccupations du départ. Il fut convenu entre eux que Cornevin entretiendrait avec le comte Gilbert une correspondance secrète, sans préjudice de celle que le beau-père et la bru auraient régulièrement ensemble. Cornevin promit d'activer le procès et de renvoyer Marcelle le plus tôt possible aux Vertes-Feuilles. Il protesta d'une confiance qu'il n'avait peut-être pas dans la cause, développa un plan de défense qui parut inattaquable à Bertrand, et dix heures du soir ayant sonné à l'église de Notre-Dame-de-Bonne-Nouvelle, l'avocat laissa les deux époux monter chez eux avec injonction de ne plus penser au lendemain, qui arriverait assez tôt.

Il arriva, en effet, trop vite pour tout le monde. Les chevaux attendaient devant la porte à quatre heures. Marcelle pleurait depuis minuit. Bertrand, qui comprenait la valeur de son trésor au moment de le perdre, essuya ces larmes avec le plus douloureux effort pour n'y point mêler les siennes. Il lui recommanda son père et leur fils et leur fortune à tous, l'embrassa une dernière fois en sanglotant une raillerie des sanglots qu'elle ne pouvait retenir. Cornevin, grave et discret, attendait sur le palier de son étage ; Bertrand s'élança par les degrés, serra dans ses bras, sans dire un seul mot, le protecteur de tout ce qu'il avait de cher au monde, et peu d'instants après il était parti.

XIII

Quelque temps après la Notre-Dame d'août, un matin vers cinq heures et demie, le président de V*** descendit dans son jardin avant son audience particulière. Il comptait y trouver son fils Maurice, auquel il permettait, en attendant le travail, un tour de promenade et un peu d'air.

Le président, tout coiffé, tout habillé, malgré l'heure, pouvait déjà entendre rouler les carrosses dans la rue, et quelques figures de solliciteurs apparaissaient timides aux vitres de l'antichambre. M. de V*** s'enfonça dans le jardin, qui n'était pas tellement grand que l'œil, malgré l'épaisseur des tilleuls, n'en eût bientôt exploré la profondeur. Il ne vit pas Maurice se promener dans son allée favorite, et, craignant qu'il n'eût cédé à la paresse, qu'il ne gardât ce matin le lit, il revint au rez-de-chaussée pour commander qu'on allât éveiller son fils.

Ce vénérable hôtel, aux immenses toits, aux escaliers gigantesques, avait ses fenêtres, d'un côté sur une vaste cour, de l'autre sur le jardin. Le cabinet du président, coupé en carré long, occupait toute la profondeur du bâtiment, entre le grand salon et la bibliothèque. Un paravent, digne de ce cabinet colossal, servait d'abri et de cloison à Maurice, secrétaire de son père, et lui formait un second cabinet où il travaillait, éclairé du côté du jardin.

C'est là qu'il passait, surveillé toujours, grondé souvent, les journées de sa jeunesse, que le président voulait amortir par la discipline et l'étude. C'est là que tant de fois il avait songé à tout ce qui n'était pas là : le ciel, l'espace, l'amour, le plaisir, la liberté. Mais avec ce père inflexible, qui se couchait souvent le dernier pour se lever le premier, penser même était difficile. L'œil infatigable du président interrogeait vingt fois le jour et le visage et l'ouvrage; avant chaque audience, à laquelle assistait ce jeune homme derrière le paravent, le père se faisait rendre compte des affaires pour lesquelles on venait le solliciter. Toute sa correspondance sortait, formidable entassement, de cette cellule où Maurice s'épuisait, moins pour obéir à son père que pour s'oublier lui-même.

Ce jour-là, le président, lorsqu'il traversa son cabinet pour éviter le salon déjà encombré de visiteurs, fut surpris de voir le paravent fermé comme à l'ordinaire, et il trouva Maurice endormi profondément, la tête sur ses bras, au milieu de la table envahie par les lettres et les dossiers.

Le jeune homme souriait tristement en dormant : la sueur de la fatigue perlait sur son front, sous ses cheveux, qui mouillaient de leurs flots noirs une partie de son visage. Maurice, dans le désordre de sa toilette de nuit, sans habit, en simple culotte dont les boucles d'acier n'étaient pas même attachées sur son bas de soie, était venu au petit jour s'installer à sa place, alors que personne n'était levé encore dans la maison. Il avait repris sa tâche à peine interrompue par quelques heures de la nuit, et, son immense travail terminé, il avait succombé; on entendait sa respiration brève et susurrante, ses lèvres entr'ouvertes disaient à un interlocuteur invisible la vague pensée de son rêve.

Le président s'arrêta et regarda son enfant, — le

plus chéri de ses deux fils, — celui qu'il rendait si
malheureux dans la crainte de le gâter ou de le perdre : il regarda, ému, ce visage émacié, ce front mat
comme la cire, l'air de langueur empreint dans toute
la personne, et ces bras rompus, et cette ligne mollement infléchie du corps précipité dans un sommeil
de plomb; alors ce fils bien-aimé lui apparut dompté
comme il le voulait, et résigné dans son obéissance.
Devant Maurice était une lettre qu'il n'avait pas eu le
temps de finir, quand le sommeil l'avait foudroyé sur
place, et que pourtant sa main étendue semblait vouloir cacher encore. Le président espéra trouver dans
cette lettre une révélation des pensées que son fils s'obstinait à lui dissimuler, et il se pencha sur la table et
lut rapidement ces mots :

« Tu es venu plusieurs fois, m'a-t-on dit, Joseph;
ne viens plus; tu as pensé souvent à moi, n'y pense
plus. Il faut que le tombeau me dévore tout entier,
je le crains, ou que j'en sorte purifié, régénéré, je
l'espère : de toutes façons, tu vois que pour vous
autres je ne suis réellement qu'un mort. Chargetoi de mon oraison funèbre, et fais-la bien bouffonne
pour qu'au moins quelqu'un rie, puisque personne
ne voudrait pleurer. »

Le président se sentit pâlir en achevant cette cleture, et tout ce qu'avait souffert ce jeune homme ardent lui revint soudainement à la mémoire. Il eut peur de Maurice endormi comme de son cadavre. Et déjà sa main s'étendait pour interrompre ce menaçant sommeil, mais il réfléchit bientôt que la moindre faiblesse compromettrait à jamais le succès de tant de plans, le résultat de tant de cruautés salutaires, et que le père doit toujours avoir raison, et que la jeunesse est bien habile à exploiter un moment de sensibilité. D'ailleurs on le prenait peut-être pour dupe; peut-être Maurice s'était-il forgé un confident pour lui adresser cette lettre : à quel ami, à quel Joseph écrivait-il ainsi? Peut-être même ne dormait-il pas du tout. Le président voulut en faire l'épreuve, et, retournant jusque dans la partie de son cabinet qu'il occupait habituellement, de l'autre côté du paravent, il feignit d'entrer à grand bruit de serrure, de fauteuil roulé, de toux et de pas sonores.

Aussitôt le paravent s'écarta, Maurice apparut, pâle, embarrassé, sans conscience de l'état où il se trouvait, comme s'il eût été dans l'irréprochable tenue de l'inférieur devant le maître.

Le président s'aperçut alors à ses yeux injectés, à son frémissement, à ses jambes engourdies qu'il venait de s'éveiller en sursaut, et que le sang noyait encore ses tempes, et que le cœur était encore endormi. Un coup d'œil rapide jeté sur la table compléta l'expérience. La lettre suspecte avait disparu, cachée par Maurice sous l'amas des papiers entassés. Le sommeil, la confidence, la triste plainte n'étaient donc pas une comédie. Cette découverte ouvrit l'âme du père à l'indulgence.

— Eh quoi! dit-il, est-ce vous déjà?
— Oui, monsieur.
— Avez-vous donc passé la nuit ici?
— Sinon la nuit, du moins la matinée.
— Au travail?

Maurice ne répondit même pas. Son geste indiquait cette énorme jonchée de lettres lues ou répondues, de dossiers empilés, en ordre.

— Seriez-vous devenu laborieux? dit le président avec une voix presque tendre.

— Vous l'avez voulu, monsieur, répliqua le jeune homme.

— C'est qu'alors, Maurice, si vous êtes réellement corrigé, si vous comprenez vos devoirs, je veux, de mon côté, commencer à remplir les miens, — les devoirs d'un père.

— Ne les remplissez-vous pas? demanda froidement Maurice, sans qu'on pût deviner, au ton mesuré de cette question, s'il exprimait une banalité respectueuse, ou quelque doute ironique.

— Asseyez-vous d'abord. N'avez-vous pas froid ainsi, en chemise?

— Pardonnez-moi, monsieur; je me suis cru seul, il était grand matin, et c'est bien bon, la fraîcheur.

— Je ne vous fais pas de reproche; je m'inquiète de votre santé. Vous me regardez avec surprise, Maurice, et je vous parais singulier, aujourd'hui.

Le silence du jeune homme répondit éloquemment.

— Je veux être toujours affectueux, toujours bon pour un fils honnête homme : soyez l'un, je serai l'autre. Mais d'où vient ce zèle pour le travail, aujourd'hui en particulier?

— Ce n'est pas aujourd'hui seulement, monsieur, dit Maurice : je me lève ainsi à l'aube chaque jour.

— Depuis quand? C'est nouveau.

— Voilà... voilà trois semaines environ, dit Maurice en rougissant.

— Vous avez réfléchi, donc?

— Oui, monsieur.

Le président s'aperçut qu'il ne tirerait pas un mot de plus. La défiance parlait à la défiance. Tous deux se turent en même temps.

— Comme vous avez les yeux rouges et le teint

échauffé, Maurice! ajouta le père après une minute de doute, c'est-à-dire d'examen.

— Monsieur, j'ai les yeux rouges, parce que je dormais tout à l'heure sur mon pupitre. Mon visage est altéré, sans doute, parce que je travaille beaucoup et ne prends jamais l'air.

— Prenez l'air, mon enfant; prenez, s'écria le président.

— Merci, monsieur.

Le président, glacé par ce respect, tendit sa main à Maurice avec plus d'entraînement qu'il ne l'eût voulu lui-même. Le jeune homme se courba lentement sur cette main et en approcha ses lèvres que le père ne sentit pas.

Aussitôt après, Maurice remit son habit, rajusta ses boucles et demanda la permission de se retirer pour sa toilette.

— Vous êtes bien ainsi, répliqua le président. Sachez quelles personnes m'attendent, et si vous ne dormez plus, rendez-moi compte des travaux de mon audience d'aujourd'hui.

Maurice appela l'huissier d'un coup de sonnette. Celui-ci entra et lui remit la liste des solliciteurs du jour, qui attendaient soit au salon, soit à l'antichambre.

— M. le prince de Soubise, lut Maurice, pour la

mémoire qu'il a fait tenir à messieurs touchant l'affaire de Guéméné.

— Ce mémoire?... avez-vous fait l'extrait?...

— Intéressera en faveur de M. de Soubise qui témoigne de beaucoup d'humilité, de douleur et de bonne foi; l'extrait en donne une idée nette. Le voici :

Le président prit et lut.

— Votre style se forme, Maurice; et puis voilà une bonne division, vous devenez clair. M'avez-vous écrit le petit résumé que je vous avais demandé de l'affaire Montesquiou contre la Boulbenne? Vous n'aurez pas eu le temps?

— Je l'ai fait, monsieur.

— Savez-vous que je suis fort content? Mais toute peine mérite salaire. Qui a bien travaillé doit se reposer... se distraire... Ne supposez pas que je sois homme à vous opprimer; je suis votre père, enfin.

Maurice s'inclina.

— Défaites-vous de cette roideur qui ressemble à de la rancune. Vous voyez, vous autres jeunes gens, la conduite des parents à travers vos rêveries folles, et, comme nous parlons raison, vous ne nous comprenez pas. Votre frère aîné, qui est officier, — sa mère, hélas! l'a voulu ainsi, — votre frère, le marquis de V***, n'est pas comme vous destiné à me succéder, à me tenir compagnie. Je l'ai laissé se dissiper plus que je n'eusse dû, mais, dans sa profession, la sagesse et la modestie sont des ridicules : un officier doux et rangé, ses camarades le raillent, l'attaquent, le tuent. Nous sommes les esclaves de tout préjugé misérable, et la bête féroce est plus forte que nous. Mais si ce fils est perdu pour moi quant à présent, vous me restez, vous, Maurice, et j'ai tenu à vous garder bien entier. Votre chemin est tout tracé, mon enfant, vous en avez traversé les épines.

Maurice écoutait avec surprise ces justifications d'un homme absolu, dont il était habitué à ne recevoir que des ordres.

— Chaque fois, continua le président, que vous m'aurez satisfait, vous serez récompensé. Vous êtes d'âge à désirer quelque chose, à préférer quelque chose. Il y a d'honnêtes amusements, même parmi ceux qu'on se procure avec de l'argent. Je doublerai votre pension, si cela peut vous être agréable.

A ce mot énorme, tombé comme un aérolithe, le jeune homme, son père le crut du moins, devait se transfigurer et s'épanouir. Il n'en fut rien. Le nuage ne se fondit pas; Maurice garda sa froide impassibilité. Un salut plus prononcé témoigna seul de sa reconnaissance pour la libéralité paternelle. Le président fronça le sourcil.

— Qu'avons-nous encore sur la liste? dit-il.

— La commission des épices : M. Radix de Sainte-Foix, M. Linguet.

— Je connais ces affaires.

— La vicomtesse de la Blinais, lut Maurice.

— Qu'est cela?

Maurice réfléchit un moment. C'était l'affaire si intéressante pour l'ami Joseph. Le président écoutait, bien disposé. Le moment semblait venu pour Maurice de payer sa dette. Il étouffa un petit soupir bien dû à tant de souvenirs étouffés aussi.

— Monsieur, dit-il, l'affaire la Blinais est celle-ci : Un bien situé dans le Forez a été substitué pupillairement. Le pupille mort en bas âge, la mère, par erreur ou par fraude, a prétendu que le substitué était mort aussi. Elle est rentrée en possession de l'héritage et l'a vendu. Le substitué qui était en voyage, en Amérique, en est revenu. Il n'était donc pas mort, il revendique.

— Fort bien... mais ce Boulinais, Belinais...

— La Blinais, monsieur, un vieux marin en retraite; c'est l'acquéreur du bien revendiqué.

— Il est en possession?

— Depuis quelques années.
— Il a payé?
— Indûment.
— Le substitué, la partie, qui est-ce?
— Un officier, un gentilhomme ami de feu le comte de Paradès.

— Un de ces Américains? demanda le président d'un certain air bien compris de son fils et qui ne promettait pas une grande sympathie à l'Amérique.

— Nullement, monsieur; cet officier servait purement et simplement le roi dans les expéditions commandées à Paradès par M. de Sartines, contre l'Angleterre.

— Et il est revenu...
— Dépouillé. Il a cependant offert aux la Blinais une transaction honorable qui a été repoussée.
— Comment s'appelle-t-il? Le connaissez-vous?
— De l'Estrigny, je crois, dit Maurice en rougissant; je le connais un peu.
— Alors, reprit le président, ce Boulinais...
— La Blinais.
— La Blinais aurait mal payé?
— Voilà toute l'affaire, conclut Maurice.
— Vous l'avez examinée avec soin, ce me semble.
— Avec le conseiller Freschot, oui, monsieur.

Vous savez s'il a le coup d'œil sûr. Il a étudié l'affaire à ma requête et nous nous sommes trouvés du même avis.

— Est-ce de grosse conséquence?

— La terre vaut environ quatre cent mille livres.

— Fort bien. Ensuite.

Maurice continua la lecture de sa liste et la nomenclature ou le rapport des affaires. Le président, devant cet immense travail, ne put réprimer un sentiment de joie et d'admiration. Mais, s'interrompant tout à coup de peur de multiplier des avances infructueusement faites à son fils, il sonna pour les audiences.

Maurice reprit sa place et son travail derrière le paravent.

Ce fut alors chez le président un long défilé de solliciteurs, depuis le prince maréchal de France jusqu'à l'écrivain, le marchand ou le militaire.

— Madame la vicomtesse de la Blinais! appela enfin l'huissier, dans le salon voisin.

— Ceux qui ont mal payé? dit le président à Maurice sans quitter son fauteuil.

— Les vieux la Blinais, précisément, répondit Maurice de l'autre côté du paravent. Et il continua d'écrire.

Pendant ce temps, Marcelle s'avançait d'un pas mal assuré jusqu'au cabinet au seuil duquel l'huissier la laissa, après l'avoir annoncée au président.

Le magistrat se leva devant une femme et resta debout, les mains derrière le dos, pour indiquer que l'audience ne pouvait être longue. Il regarda cette admirable figure, ce maintien noble, cette splendide jeunesse; on lui avait annoncé une vieille douairière, Maurice l'avait dit, et le croyait, à force d'avoir entendu l'Estrigny parler du vieux la Blinais.

— C'est vous qui êtes madame de la Blinais? demanda le président, craignant une méprise.

— Oui, monsieur, murmura Marcelle fort émue de cet accueil de glace; je suis la vicomtesse de la Blinais.

— Il y a donc plusieurs la Blinais?

— Il y a le comte de la Blinais, capitaine de frégate, mon beau-père, et le vicomte son fils, mon mari.

Le président, toujours debout, montra un siége à la solliciteuse et d'un autre signe lui commanda de parler.

Marcelle sentit toutes ses idées se brouiller. Elle brûlait, elle frissonnait. Ce n'était pas seulement le président qui la gênait ainsi, Cornevin l'avait mise en garde contre la première impression. Ce qu'éprouvait

Marcelle, toute créature l'éprouve en présence d'une électricité menaçante : le cerveau, les artères, le cœur, chaque fibre, tout battait et souffrait.

Le président la regardait, attendait, sans l'encourager. Elle se souvint de sa lettre de recommandation, la tira de son sac et la présenta.

Cette lettre, on le sait, était de l'archevêque de Montbrison, ami des la Blinais, compagnon, contemporain du président, qui se dérida un peu en reconnaissant les armes et l'écriture. Le prélat recommandait en termes pressants la famille de la Blinais, comme la plus honorable du pays. Il énumérait les mérites, il déplorait le malheur de ce digne officier, réduit à trembler devant les menaces d'un effronté spéculateur. En ce temps-là, l'amitié ne reculait pas devant le sacrifice d'une heure pour servir une bonne cause; la lettre du vénérable archevêque, tout entière de sa main alourdie, avait dû lui coûter un jour.

Marcelle, se remettant peu à peu, lisait sur le visage du président, non pas l'intérêt, — ce visage était de marbre, — mais l'attention. Cornevin lui avait expliqué ce que valait l'attention du président.

Celui-ci, sa lecture achevée, plia la lettre et la serra dans un coffret sur sa table. Il cherchait un commencement à une conversation difficile.

— L'archevêque de Montbrison, dit-il, est mon grand ami et paraît être le vôtre, madame. Je lui répondrai, certainement.

Marcelle demanda la permission d'expliquer son procès. Elle le fit avec une parfaite convenance et une certaine facilité. Tout ce qu'elle disait jaillissait d'un cœur simple et clair. C'était la vérité.

Le président restant enfermé dans un silence qui finit par inquiéter Marcelle, elle le pria d'obtempérer à la requête de l'archevêque en l'assistant au moins d'un bon conseil.

— Ainsi ferai-je, dit tout à coup le président. Je dois, en effet, quelque chose à la sollicitation de mon ami. Voici donc mon conseil, madame : Les offres que votre partie vous a faites d'une transaction, acceptez-les.

Marcelle fit un mouvement. Dans sa stupeur, elle craignait d'avoir mal entendu.

— Mais, monsieur le président, s'écria-t-elle, c'est l'équivalent de la perte du procès.

— On perd les meilleurs procès, madame.

La jeune femme poussa un gémissement sourd qui retentit de l'autre côté du paravent. Déjà Maurice, malgré l'attention qu'il donnait à son travail, avait remarqué, sans se l'expliquer, la fraîcheur et la jeunesse d'une voix qu'il s'attendait à trouver aigre et cassée. L'exclamation échappée à la solliciteuse le fit tressaillir malgré lui. Il dressa l'oreille.

— Monsieur le président, reprit Marcelle en raffermissant son âme, s'il fallait que ce procès fût perdu, que deviendrait mon beau-père, un fidèle serviteur du roi, un brave officier qui n'a que sa terre pour fortune?

— Le malheur ne choisit pas, dit gravement le président, et la loi pas davantage.

Marcelle hors d'elle-même et joignant les mains :

— Dites-moi la vérité, monsieur, demanda-t-elle, au nom du vénérable archevêque qui m'a envoyée vers vous, la vérité !

Le président répondit :

— Ne comptez pas aveuglément sur le succès.

Marcelle se leva, éperdue, étouffant, comme pour chercher un peu d'air qu'elle ne trouvait pas ; ses bras se tordirent avec effort, et ses yeux se remplirent de larmes qui roulèrent sur son sein.

— Remettez-vous, madame, dit le président ; et il lui prit la main pour l'aider à se rasseoir.

A ce moment, Maurice ne put résister à l'impatience fébrile qui le torturait depuis un instant. Il écarta avec précaution la feuille du paravent qui lui cachait cette femme, et aperçut, à la portée de sa main, de son souffle, la vision mystérieuse qui lui était apparue aux Carrières, et cette pâleur argentée, et cet ineffable regard, et cette grâce immatérielle que même dans son délire il n'avait pas osé attribuer à une créature terrestre. L'ange, la beauté divine, le rêve de tous ses jours, la mystique adoration de ses nuits sans sommeil, c'était une femme vivante, qu'il entendait respirer, qu'il sentait palpiter, qu'il voyait souffrir, et dont le rayonnement l'éblouissait et le brûlait jusqu'au cœur.

Il se courba bien bas, retenant son haleine, dévorant tout ce qu'il voyait, aspirant d'avance tout ce qui allait s'exhaler de cette femme.

Quant à elle, recueillie, elle essayait de lutter contre le désespoir pour défendre la cause que son père et son mari lui avaient confiée. Incapable non-seulement de mettre à profit, mais de remarquer l'espèce d'intérêt que le président avait témoigné en la voyant pâlir, elle sentit pourtant d'instinct qu'il restait quelque chose à dire avant de s'avouer vaincue, et les paroles sortirent une à une de son cœur déchiré comme les gouttes de sang d'une blessure.

— Monsieur le président, dit-elle, je n'avais jamais douté de notre droit. A l'idée que mon mari, que mon enfant seront ruinés, que mon vieux père mourra pauvre et désolé, que c'est moi qui dois le leur apprendre... pardonnez-moi, monsieur, le coup m'accable, je suis seule ici, abandonnée, mon mari est parti sur un ordre du ministre. Ah ! monsieur ! ah ! monsieur !

Elle fit un héroïque effort pour ne pas défaillir; le président commençait à sentir l'embarras de cette situation, et appelait à l'aide les consolations et les assurances banales.

— Vous ne pouvez soupçonner à quel point je suis malheureuse, ajouta Marcelle. Ce domaine contesté est la seule fortune de la famille où je suis entrée. J'y comptais apporter une dot, une aisance supérieure à celle de mon mari; tout a été englouti dans la banqueroute du prince de Guéméné. C'est moi qui ruine mon beau-père et mon mari. Sans moi, M. de la Blinais eût fait une meilleure alliance; mais encore une fois, monsieur le président, pardonnez à une pauvre femme de province ces faiblesses, ces inutilités; je sais qu'on ne demande pas aux magistrats d'agir contre leur conscience. Et si vous m'avez parlé ainsi, vous que M. l'archevêque suppliait en ma faveur, c'est qu'il n'y a plus de salut. Je n'ai rien à reprocher à personne. Si mon père ou mon mari eussent été ici, les choses se présenteraient mieux; mais moi, monsieur, je suis fatale, je porte malheur. Adieu, monsieur... merci, monsieur.

En parlant ainsi, elle fermait et rouvrait, sans savoir ce que faisaient ses mains tremblantes, la mante de soie qui glissait sur son sein gonflé. Elle ne pleurait plus, elle marchait aveuglée, chancelante, vers la porte qu'elle ne trouvait pas. Le président lui montra poliment le chemin, et d'une voix adoucie :

— Il ne faut pas absolument désespérer, dit-il, on a vu tant de choses bizarres! Et puis qui sait : — Avez-vous un bon avocat?

— Maître Cornevin, monsieur.

— Un habile homme; voyez-le pour cette transaction.

Le président ouvrit lui-même la porte de son cabinet, Marcelle s'effaça pour le saluer encore. Elle allait disparaître, Maurice déploya le paravent et fit trois pas derrière elle sur ce parquet magnétisé.

Marcelle était partie, il la voyait toujours. Le président s'avançait vers lui, il ne le voyait pas.

— Pauvre femme! dit le magistrat.

— Pauvre femme! répéta Maurice comme un écho.

Il traversa le cabinet lentement et alla appuyer sa

10.

main sur le bouton de cuivre que venait de toucher Marcelle.

XIV

Le soir même, en soupant, le président, pour inaugurer son nouveau système, donna trente louis à Maurice et lui recommanda de se distraire quelquefois. Deux heures, dit-il, de promenade, de spectacle ou de musique, une visite, un sage exercice suffisent à rafraîchir l'esprit et à entretenir la vigueur du corps. Prenez deux heures quand vous en aurez besoin.

Et il ajouta aussitôt :

— Sans préjudice aucun de vos devoirs et des habitudes de ma maison.

Maurice, absorbé depuis le matin, écoutait à peine. Il eut tout juste assez de présence d'esprit pour remercier. Barbeau, le vieux valet de chambre, était en face de lui et lui faisait le signe convenu entre eux pour annoncer la visite de l'Estrigny.

Maurice se rappela alors la lettre qu'il avait le matin même écrite à Joseph, celle que le président avait surprise pendant son sommeil. Ce congé donné en si bonne forme au compagnon, c'est-à-dire au complice, l'Estrigny n'était pas homme à l'accepter sans protestation. Maurice réfléchit un moment au parti qu'il devait prendre, et se décida à en finir avec ce l'Estrigny, duquel un intérêt nouveau le séparait maintenant sans espoir de rapprochement possible.

Maurice souhaita le bonsoir à son père et alla dans la chambre de Barbeau, où l'attendait le chevalier de l'Estrigny. C'est là, en effet, qu'ils se donnaient rendez-vous pour concerter leurs évasions, leurs parties de plaisir : jamais Maurice n'avait voulu introduire publiquement Joseph chez son père; jamais l'Estrigny n'avait osé le demander; peut-être, d'ailleurs, se réservait-il de meilleurs bénéfices, en gardant l'incognito et l'indépendance.

L'Estrigny accueillit Maurice avec de grands éclats de douleur et des reproches. Pourquoi désespérait-il ainsi? n'avait-il pas la jeunesse, l'avenir, et un ami? Cet ami manquait-il d'intelligence et de dévouement, au point de laisser Maurice se perdre dans la consomption! Cet ami était-il incapable de guérir même une maladie de l'âme? Dans ses étreintes, dans ses protestations, il y avait certainement quelque chose de sincère, la crainte d'être congédié.

Maurice l'écoutait parler, mais il ne le regardait pas. Ce silence poussa l'Estrigny aux extrêmes; il faisait noir dans la petite chambre de Barbeau, sans quoi Maurice eût vu son ami se frotter mélancoliquement les yeux.

Justement Barbeau entra, portant une petite lampe, et l'Estrigny rempocha son mouchoir. Maurice alors lui prit la main et le remercia de tant d'intérêt : jamais il ne devait oublier les services si gracieusement rendus par le plus aimable compagnon qu'il fût possible de rencontrer : sa reconnaissance serait éternelle, mais, depuis leur dernière entrevue, tout avait changé. Le président avait manifesté des soupçons, exigé des garanties, obtenu une promesse. Maurice avait cédé au remords, en premier lieu, à la crainte d'affliger son père, qui devenait meilleur; enfin, la raison éclaire tôt ou tard sur les vanités, et le besoin de sentiments vrais et solides avait remplacé un vague besoin de sensations. Travailler, cultiver le monde, ne s'y pas amoindrir par des habitudes de dissipation, tel était le programme adopté par Maurice pour l'avenir, et il ne s'en départirait pas.

L'Estrigny, lui, écoutait et regardait. Il ne vit sur les traits du nouveau converti ni l'assurance, ni la béatitude de la conviction. Non-seulement il ne les vit pas, mais il ne voulait pas les y voir. Ce qu'il lui fallait, c'était un Maurice faillible; il perdait trop à la perfection. En habile homme, il essaya quelques atteintes à cette perfection, pour que son adversaire se découvrît en la défendant, mais il ne fit que glisser sur la cuirasse désormais appliquée autour d'un cœur possédé du véritable amour. Le ridicule ne réussit pas davantage; Maurice s'en offensa et ne se rendit point.

L'Estrigny sentit en face de lui un champion invisible. Pour le spadassin habitué à sortir des luttes de toute espèce et à en sortir satisfait, il y avait quelque chose d'irritant dans la dissimulation armée de ce jeune homme. Son orgueil s'en mêla : il se promit de deviner. Prompt à prendre un parti, comme tout homme qui s'est familiarisé avec les péripéties de l'escrime, il laissa l'attaque, prit un jeu neutre et passa aussitôt à une diversion.

Il demanda des nouvelles de son procès, énuméra les démarches qu'il avait faites, les espérances de son procureur et de son avocat. D'ordinaire, sur ce terrain il retrouvait un Maurice entièrement satisfaisant. Là, on se remettrait d'accord, et une fois d'accord on quitterait sans doute le ton grave pour le ton familier, on rirait, et le rire conduit à bien des choses. On l'a dit, il desserre les cuirasses.

Quelle fut la surprise de l'Estrigny, lorsqu'à propos du procès même, Maurice garda sa froideur, sa circonspection et n'exprima qu'une bienveillance fondée sur la volonté d'être juste !

— Un procès, dit-il, n'est appréciable qu'au moment où le jugement se rend. Tout conseil fourni d'avance, toute espérance donnée peuvent être démentis par l'événement.

L'Estrigny se redressa. Cette fois, l'intérêt s'entamait, le cœur, c'est-à-dire la vie s'entamait, il changea de visage.

— Mais, mon cher Maurice, dit-il, vous me développez là une doctrine entièrement opposée à vos opinions premières. Ne m'avez-vous pas dit, assuré et répété que vous regardiez mon droit comme certain ?

— Je l'ai dit, et je ne le nie pas encore aujourd'hui, répliqua Maurice ; mais ce n'est pas moi qui juge.

— Voulez-vous me faire comprendre que votre père a changé d'avis ?

— D'abord, interrompit Maurice avec une certaine hauteur, je ne me souviens pas de vous avoir assuré quel serait l'avis de M. le président. Si je le savais, je ne le dirais pas, et je ne le sais point.

— Vous m'avez fait espérer...

— Entendons-nous bien, dit le jeune homme, maîtrisant l'émotion que faisait naître en lui la prétention de l'Estrigny, dont il se rendait bien compte pour la première fois. Vous m'avez demandé mon avis sur l'affaire qui vous occupe; j'ai peu de lumières, je suis très-jeune, j'ai été très-irréfléchi, je vous ai donné mon avis, conforme à votre désir, c'est vrai; je pense encore que vous avez des droits. Pour vous satisfaire mieux, j'ai consulté autour de moi de bons jurisconsultes; leur opinion vous a été favorable, je vous l'ai dit également. Mais songez bien, l'Estrigny, qu'en tout cela je n'engageais que moi et non pas le juge. Vous n'avez pas eu cet espoir que j'engageasse le juge, n'est-ce pas? Qui donc oserait le promettre? qui donc oserait le demander?

L'Estrigny, malgré sa colère, fut assez maître de lui pour cacher son désappointement.

— Qui vous a jamais parlé d'engager le juge, mon cher Maurice? dit-il. Serais-je votre ami, si j'exigeais ce que vous ne pouvez donner? Vous m'avez vu un peu ému, c'est bien naturel; il s'agit de toute ma fortune, de mon avenir. Le bon droit est attaqué, il se défend. Si j'ai espéré de vous un conseil, une sympathie, présumais-je trop de notre amitié? Pardonnez-moi.

— A la bonne heure, dit Maurice, je vous comprends mieux ; la question ainsi posée est facile à résoudre.

— Que vous fassiez des vœux pour mon succès, mon bon Maurice, voilà tout ce que je demande ; et vous en faites, n'est-ce pas ?

— Sans doute, murmura le jeune homme, mis en demeure par cet appel direct et par un regard provoquant comme une attaque à l'épée.

— Il y a décidément quelque chose, pensa l'Estrigny, et sur-le-champ il poursuivit :

— Comment ne craindrais-je pas ? Mes adversaires sont puissants. Voici une lettre de mon cousin Médard qui m'avertit de leur fureur, de leurs démarches infatigables. Il paraît qu'ils quêtent par toute la province des lettres de recommandation. Médard m'annonce que le vieux la Blinais est tombé malade de rage, et que les jeunes sont partis pour Paris afin de solliciter en personne.

Maurice se tut.

— Sont-ils venus déjà se présenter à M. le président ? demanda l'Estrigny.

— Qui ? balbutia Maurice.

— Les la Blinais.

A ce nom redouté, Maurice rougit, et répondit impatiemment :

— Je ne sais pas.

— Pardon, mon bon ami, pardon; je croyais que vous assistiez à toutes les audiences de M. votre père Il me semblait vous avoir ouï dire que vous ne quittiez pas son cabinet.

— Il se peut, vous l'avouerez, riposta Maurice, qu'un détail, qu'une visite insignifiante m'échappe...

— Pardon encore. Hélas! c'est l'amitié qui se susceptibilise. Je croyais vous avoir intéressé au point que le nom de la Blinais, c'est-à-dire de mon spoliateur, ne fût pas tout à fait insignifiant à votre oreille.

Maurice allait s'emporter afin de ne pas répondre, mais il réfléchit que son emportement répondrait beaucoup trop. Évidemment l'Estrigny était sur une piste; un pareil limier ne se détourne pas facilement. Maurice, averti par l'immense intérêt de son secret et de son amour, fut cette fois aussi fort que son terrible adversaire.

— Mon cher Joseph, dit-il, vous devenez insupportable avec votre procès. Vous, un homme d'esprit, vous tombez dans le travers des vieux plaideurs et des douairières sollicieteuses qui encombrent nos antichambres. Si vous n'aviez pas ce bon goût, ce tact parfait qui vous caractérisent, je vous dirais qu'il n'est pas possible à un secrétaire de divulguer ce qui se passe dans le cabinet de son président, à un fils de promettre le suffrage de son père.

— Oh! oh!... s'écria l'Estrigny, Maurice, est-ce bien avec moi que vous vous croyez obligé à de pareilles réserves? L'ai-je mérité? Ai-je demandé indiscrètement? Comprenez donc pourquoi je tiendrais à savoir si les la Blinais ont vu le président, et modifié...

— Vous êtes un fou, dit Maurice en s'efforçant de rire, de me faire des questions auxquelles je ne puis pas répondre. Tenez, parlons de choses plus faciles à discuter entre le fils du président et un plaideur. Parlons de vous seul, de vos bonnes grâces pour M. Maurice, l'impossible Maurice; dites-moi un peu si mon épitaphe est faite comme je vous l'avais demandé. Qu'y mettons-nous? voyons!

L'Estrigny, dupe un moment de ce retour aux sujets familiers, témoigna sa joie par une pression de main affectueuse.

— Voici, dit-il, l'épitaphe : Ci-gît le charmant, l'inflexible Maurice, adoré malgré lui.

— Adoré! de qui, bonté divine! de mademoiselle Forest, peut-être?

— Précisément, s'écria l'Estrigny; votre départ, votre cruauté ont failli la rendre folle.

— Elle joue tous les soirs, n'est-ce pas? Elle se montre en habit de Vénus à un public idolâtre.

— Mon Dieu oui, pour se distraire, et puis son engagement...

— Excellente personne, dit le jeune homme dont l'habileté avait ramené Joseph au point où il l'attendait. Cette pauvre Sophie Forest. Quelle charmante fille! A propos, mon bon Joseph, vous êtes si délicat que vous ne me dites pas comment elle a reçu la montre que vous voulûtes bien lui offrir de ma part...

— Oh!... sur son cœur! sur son cœur!

— Bien. C'était une montre de trente louis, n'est-ce pas?

— Oh! pas du tout, vingt à peine; dix-neuf, je crois.

— Permettez-moi de vous les restituer avec les plus sincères remerciements.

Et il lui prit la main en y glissant le petit rouleau du président.

L'Estrigny recula, se cabra.

— Vous n'avez eu, lui dit Maurice, qu'une intention délicate en me prêtant cette montre : vous vouliez m'obliger, je pense, et non m'offenser.

— Entre amis... dit chaleureusement Joseph.

— C'est-à-dire entre égaux, on se prête et l'on se rend, interrompit Maurice avec ce sourcil froncé qui épouvantait si fort l'ami Joseph.

— On dirait, murmura celui-ci éperdu, que vous voulez vous débarrasser de moi, en me payant.

— Il y a deux parts distinctes dans une dette, conclut Maurice : j'accepte d'être reconnaissant, mais je ne veux pas être débiteur.

Ce fut ainsi, après quelques languissantes répliques échangées sur des banalités, que les deux amis se séparèrent : Maurice, ravi d'être dégagé, sans avoir rien compromis; l'Estrigny, convaincu qu'il s'était passé quelque chose de nouveau, et décidé à le découvrir.

XV

L'étincelle était tombée sur la poudre. L'âme de Maurice, dès longtemps préparée à la combustion, s'enflamma tout entière, et, pour la première fois, il put lire en lui-même à la lueur de son propre incendie. Ainsi, toutes ses aspirations passionnées qui manquaient le but, ses ardeurs fougueuses qu'il appelait imagination, que l'Estrigny appelait sensualité, ce n'était autre chose que l'amour à l'état latent, hier montagne fleurie, aujourd'hui cratère débordant de flamme.

O calculs des hommes prévoyants! Avez-vous lu ce conte arabe du père auquel on a prédit l'assassinat de son fils par un étranger, et qui relègue ce fils dans une île déserte et qui l'ensevelit vivant dans une caverne? Le père parti, un inconnu naufragé aborde à la nage, découvre l'asile par hasard, entre en amitié avec l'enfant caché, rit de la prédiction fatale, lui proteste qu'il le protégera et, en lui découpant le fruit qu'il désire, glisse, le couteau à la main, et lui perce le cœur. Ainsi du président de V*** : l'étranger tant redouté du père de Maurice venait d'entrer dans l'île déserte.

A partir du moment où sa vision eut pris un corps, le jeune homme marcha inflexiblement au but. Il était de ces natures énergiques pour qui le seul repos acceptable est la préparation à l'action. De ses rêveries d'hier il construisit subitement un édifice avec toutes les habiletés de la logique, toute la fougue de l'extravagance. Entremêlant chaque raisonnement d'une folie d'amoureux, c'est-à-dire juxtaposant la force et le moteur, il bâtissait au moral une pile voltaïque dont la puissance devenait incalculable.

La femme qu'il avait vue s'appelait madame de la Blinais. Elle était à Paris, seule, libre, il la trouverait, il la verrait quand il voudrait, demain, ce soir, tout de suite; car rien, d'un vivant à un autre vivant, n'est impossible. L'amour ne doute pas, c'est la foi qui aplanit les flots et soulève les montagnes.

Pour *la* voir, il s'agissait de connaître sa demeure. L'endroit où vit la femme aimée, c'est ce qu'il y a de plus intéressant sur la terre. Maurice, pour le savoir, était forcé de le demander, et ne voulait le demander à personne. Il se souvint de l'avocat que Marcelle avait choisi. Aussitôt son plan fut arrêté; un des huissiers qui faisait les courses de la présidence fut expédié à Cornevin avec une feuille volante sur laquelle étaient écrits ces mots : « Savoir de Me Cornevin, avocat au parlement, l'adresse d'un de ses clients, M. de la Blinais. » L'huissier revint avec cette réponse inscrite sur la même feuille :

« M. de la Blinais absent pour le service du roi. Sa femme loge chez maître Cornevin, rue de Cléry, place de la Ville-Neuve. »

Maurice courut le soir même rue de Cléry. Ce fut

la première émotion sérieuse de sa vie, son premier acte de libre arbitre. En toutes ses excursions nocturnes, il avait suivi un chef d'expédition, accepté les logis préparés. Cette fois, son secret était à lui seul; il serait le seul artisan de son bonheur. De là une foule d'erreurs et d'inutilités délicieuses. Maurice pensa qu'il devinerait, rien qu'à la voir, la maison de Cornevin, et, chose étrange, un embarras de voitures s'étant fait tout à coup, il la devina en effet, car il aperçut Marcelle au petit balcon de sa chambre, où le bruit l'attirait en véritable provinciale qu'elle était encore.

Ce moment fut pour Maurice une jouissance que peu d'amants ont ressentie aussi vive, que nul écrivain ne se risquerait à exprimer. On ne décrit pas ce coup au cœur, cet éblouissement, cette inondation d'extase et l'aliénation absolue de l'être absorbé tout à coup par une créature étrangère qui se trouve avoir pris votre âme, et qui ne s'en aperçoit pas. « Si vous ne voulez pas me donner votre cœur, dit la chanson napolitaine, rendez-moi du moins le mien, car cela vous en ferait deux, et moi je n'en ai plus un. » C'est ce que ressentit Maurice tout le temps que, protégé par ces charrettes, ces bestiaux et ces fiacres, qu'il eût voulu voir s'entre-choquer éternellement, il aperçut en face de lui celle qui souriait doucement à dame Hilaire, et qui ne pensait qu'aux pauvres cochers empêtrés, et ne se doutait pas qu'elle eût en ce moment deux cœurs.

L'embarras cessa. Maurice craignit d'être remarqué ; cependant il eût voulu l'être. Mais dans cette maison logeait Cornevin, Cornevin qui connaissait peut-être le fils de son président pour l'avoir vu tant de fois au Palais. Eh bien, Cornevin le verrait, le reconnaîtrait. Était-il défendu à un homme libre de passer par la rue de Cléry, qui conduit aux boulevards, si l'on veut? Maurice passa, repassa. Marcelle était encore à la fenêtre ; il repassa une troisième fois, elle n'y était plus. Maurice alors se donna la joie enivrante d'apprendre par cœur toute la maison.

Deux heures sont bientôt passées. Maurice était brisé par son succès ; il le compliquait d'un argument superstitieux : s'il avait trouvé du premier coup d'œil madame de la Blinais, n'était-ce pas la Providence qui favorisait son amour? Cette fenêtre ne se fût pas ouverte si l'embarras n'eût pas eu lieu ; l'embarras n'eût pas eu lieu sans l'arrivée de Maurice ; Dieu avait fait cet embarras de charrettes et de bêtes à cornes, quoi de plus évident? Enfant, qui méconnaissait en tout cela, depuis l'entrevue des Carrières, l'impulsion mystérieuse de la fatalité, avec laquelle on ne compte pas assez chaque fois qu'on dévie de la ligne droite!

Le lendemain, même visite à la rue de Cléry; mais plus d'embarras, plus de fenêtre ouverte. Autre pèlerinage le surlendemain : même insuccès. Maurice se dit que la jeune femme devait sortir, qu'il ne s'agissait que d'observer les heures; la messe d'abord. C'était simple, et cependant Maurice ne découvrit qu'après plusieurs jours l'église fréquentée habituellement par son idole. Il fallut pour cela questionner bedeaux, donneurs d'eau bénite. Les questions n'étaient pas du goût de ce timide. On ne saurait croire combien d'audace déploient ces sortes de caractères pour trouver seuls à dix reprises, c'est-à-dire en s'exposant dix fois, ce qu'un seul renseignement leur fournirait d'un seul coup à moins de risques.

Lorsqu'il eut découvert qu'elle se rendait à Notre-Dame de Bonne-Nouvelle un jour, et l'autre à l'église des Filles-Dieu, il s'aperçut que sa découverte n'avait pas de valeur, car madame de la Blinais entendait la première messe à six heures du matin. Or il était sans exemple que Maurice eût pris sa récréation à une pareille heure. Sortir ainsi, peut-être eût-ce été possible une fois. Il s'y hasarda, remuant pour cela un monde; mais il ne réussit pas. Marcelle, ce jour-là, un dimanche, était partie avec Cornevin et dame Hilaire pour visiter Versailles, et à son retour au logis, Maurice trouva le président tellement sceptique, qu'il comprit l'impossibilité de prendre une revanche à la même heure.

Ce fut ainsi longtemps encore, avec des chances diverses. Peu à peu, enhardi par le système de rémission que son père poursuivait au moment où la rémission était si funeste, Maurice sortit à des heures irrégulières, il élargit son cercle d'action. Tout cède à l'expansivité de l'amour, les chaînes les mieux trempées, s'amollissent et se ductilisent au contact des vrais amants.

Maurice finit par être assez libre pour remarquer que madame de la Blinais dînait à telle heure, sortait à telle autre, que son carrosse la prenait pour tant de temps, qu'elle respirait le soir à son balcon entre la brune et la nuit, il connut enfin toute sa vie. N'aime pas qui n'en vient pas là! Et, comme il cherchait passionnément un regard d'elle, assuré que ce regard croisé avec le sien déciderait à jamais entre eux, l'événement appelé par l'intensité de ce vouloir, obéit comme un esprit à celui qui l'évoque et vint déterminer la crise en son temps, en son lieu.

On touchait alors aux beaux jours de l'automne, si chers aux Parisiens. Maurice demanda la permission de passer une journée hors de Paris, avec quelques amis. Une journée! Le président opposa nombre de restrictions que Maurice accepta toutes. Il eût accepté de n'avoir qu'une heure, car il était décidé à n'obéir ce jour-là qu'à lui-même; sortir était tout ce qu'il désirait. Une fois dehors, on ne le rattraperait plus. Le président accorda la demi-journée. Maurice remercia : ce fut marché conclu.

Le premier soin de Maurice, à la veille de ce jour tant désiré, fut d'égarer ses amis ou de leur rendre impossible la partie du lendemain. Avec l'un, il usa de subterfuge; c'était un niais, il le perdrait au rendez-vous. De l'autre, garçon intelligent, il se fit un complice, moyennant une fausse confidence. Maurice, bien certain d'être libre, partit de grand matin, non pas pour la campagne, mais pour la rue de Cléry, et, du fond d'un fiacre qu'il avait fait arrêter au coin de la rue de Bourbon, à l'angle du cul-de-sac des Filles-Dieu, il se mit à observer la maison de Cornevin, décidé à saisir au vol madame de la Blinais quand elle sortirait pour la messe.

Rien ne lui réussit en ce sens. La jeune femme était sans doute occupée à autre chose ; pas un visage n'apparut, si ce n'est celui de la servante roulant comme une avalanche de l'escalier à l'allée, et remontant de même après la commission faite. On distinguait cependant aux vitres du premier étage la silhouette calme de Cornevin qui arpentait son cabinet en travaillant. Parfois dame Hilaire, levant le rideau, interrogeait l'état du ciel. Au deuxième étage, chez Marcelle, rien ne remuait. Le fait est qu'en ce moment, elle écrivait une longue et minutieuse lettre aux Vertes-Feuilles, pour consoler le vieux Gilbert malade, pour lui promettre d'aller le rejoindre aussitôt que Cornevin lui en donnerait l'autorisation, c'est-à-dire quand elle aurait terminé sa tâche. Marcelle n'avait pu s'empêcher de pleurer en écrivant ; Paris l'importunait malgré ses merveilles ; elle dépeignait avec éloquence les douleurs de son isolement, son inquiétude, l'amertume où la plongeaient le départ de Bertrand et le mystère de son absence. Encore quelques visites à rendre, disait-elle, à des conseillers influents ; encore quelques sollicitations dont je suis excédée et humiliée, puis, n'ayant plus rien à faire ici, sûre d'avoir accompli la part que mon mari m'a assignée dans l'œuvre commune, je vole aux Vertes-Feuilles où j'étais heureuse, si heureuse que je me sens inquiète comme si Dieu m'avait à jamais bannie de ce paradis, et que j'en rêve la nuit. Elle ajoutait les plus tendres caresses pour son fils, les plus tendres souhaits pour le vieillard, quelques détails sur ce Paris qui lui faisait peur. Sa lettre renfermait une prière à l'archevêque d'insister encore auprès du président par une recommandation chaleureuse.

Et quand elle eut cessé d'écrire, il fut temps de déjeuner ; la petite servante apparut bientôt à la porte de l'allée avec cette grosse lettre qu'elle courait jeter à la poste. Maurice comprit. Il redoubla d'attention et de patience.

Cependant par tout le quartier les boutiques se fermaient, les clercs sortaient tout blancs de chez les perruquiers, les commis endimanchés se hâtaient, les fillettes chaussées de leurs mules neuves à talons pointus trottaient menu, les bourgeoises poudrées, et portant fièrement leurs panaches ou l'architecture de leur coiffure à labyrinthe, s'acheminaient vers le centre de la ville. C'est qu'il y avait grande fête à Saint-Cloud, les eaux jouaient, tout Paris entreprenait le voyage. Maurice, apercevant dame Hilaire enrubannée et crêpée, pressentit quelque projet d'importance; il fut confirmé dans cette idée par l'apparition du carrosse à une heure inusitée. Et vers midi les rideaux du second étage s'agitèrent à leur tour : une ombre toute blanche s'y imprima, reparut dix minutes après à l'étage de Cornevin, lequel Cornevin sans perruque se mit à sa fenêtre pour regarder en bas. Le cœur de Maurice bondissait dans sa poitrine. La porte de l'allée s'ouvrit, la petite servante accourut et ouvrit la portière, puis dame Hilaire radieuse emplit l'allée de ses bouffants atours; derrière elle venait Marcelle, en robe blanche, en mante gris de lin avec une coiffure à rubans pareils. Maurice sentit un brouillard sur ses yeux. Il ne vit plus rien que la voiture en marche et Cornevin qui refermait sa fenêtre. Aussitôt il ordonna au cocher de son fiacre de suivre le carrosse.

XVI

Toute la ville semblait s'être donné rendez-vous aux quais, à la rivière. Sur les quais, des véhicules de tout modèle, depuis le chariot jusqu'au fourgon

colossal, appelaient et engloutissaient les voyageurs.
Les coucous, classiques alors, regorgeaient. On essayerait vainement aujourd'hui d'entasser pêle mêle
une population de criminels voués aux plus affreux
supplices dans les terribles boîtes où s'élançaient à
l'envi, avec une charmante humeur et une cordiale
égalité, les figures, les caractères et les costumes des
classes les plus disparates.

Mais si le spectacle était curieux sur les quais, il
était ravissant sur la rivière. En bas du Louvre, le
long de la berge, embarcadère naturel, arrivaient en
groupes frais et joyeux les aventureux et les vaillantes, hêlés et appréhendés par les mariniers de
Seine aussitôt qu'ils avaient touché la limite du quai.
Si l'on consultait la solidité du bateau, la propreté du
tendelet, si l'on choisissait sa couleur parmi ces
nuances bleû, rouge, vert, rassemblées la proue au
rivage, on interrogeait bien aussi la figure du patron
et les biceps musculeux qui devaient ramer jusqu'à
Saint-Cloud. On marchandait, on riait, on s'embarquait, on s'éloignait du bord avec des cris de joie.
Les bateaux, la plupart à huit places, absorbaient
deux ou trois sociétés de gens qui, ne s'étant jamais
vus avant ce jour-là, dînaient ensemble à Saint-Cloud
et revenaient le soir amis pour la vie. Aussi choisis-

sait-on ses partners comme on avait choisi son bateau ou sa couleur. Toute la rivière était couverte de barques pavoisées ; l'eau tiède et glauque disparaissait sous les avirons.

Sur la berge se tenaient, circonspects et embarrassés, les peureux ou les délicats ; les premiers avec toute l'émotion du colon qui va prendre la mer pour six mois, les autres avec la crainte de s'embarquer en mauvaise compagnie. On voyait là des gens qui, après s'être observés et pesés de l'œil, s'abordaient pour se proposer réciproquement de partager la barque et la dépense ; de là des politesses et de grands battements de cœur pour les jeunes filles.

Maurice eût bien regardé tout cela s'il en eût eu le temps, mais le carrosse avait descendu les deux dames et le père de Sulpice au bord même de la rivière. Il arrêta et paya son fiacre, puis ne s'occupa plus que de suivre, à travers toute cette foule, chaque démarche des voyageuses, qu'un faux mouvement pouvait lui faire perdre. Dame Hilaire fit prix longuement avec un bateau bleu à tente blanche, qui appareilla aussitôt, sans autre passager, heureux et fier d'avoir si peu de poids et une si belle cargaison.

Maurice, sans balancer, suivit un vert qui l'appelait Monseigneur, et qui avait raison, car le jeune homme rayonnait d'une beauté de prince des fées. Quatre jolies filles, jusque-là timides et irrésolues, se décidaient à prendre ce bateau vert, en compagnie de Monseigneur, et l'une d'elles posait déjà sa mule mignonne sur la planche, quand Maurice déclara qu'il louait le bateau à lui seul. Le vert gagna au large, d'un train à tout dépasser, mais le fils du président lui recommanda la modestie, et ses yeux, rivés sur le bateau bleu, apprirent bientôt à cet intrépide dans quelles eaux devait marcher le bateau vert. En effet, ce marinier malicieux, qui n'était pas fâché lui-même d'admirer tout ce qu'il y avait d'admirable chez son confrère, le suivit d'abord, puis le dépassa de quelques longueurs, puis, le laissant arriver, se mit à ramer de conserve, et entama la conversation dans les termes les plus galants de la langue de la Grenouillère.

Moment terrible et doux, Maurice l'avait attendu si longtemps; il allait donc arriver, ce regard qui, par les yeux, lui pénétrerait au fond du cœur. Marcelle, assise sur la planche garnie d'un maigre coussinet, garantie du soleil par la toile blanche à franges, se laissait aller au bien-être du repos, au charme d'un ciel splendide, à je ne sais quoi de vaguement agité qui la berçait corps et âme. Tout à coup, elle aperçut dans ce bateau parallèle au sien, sous le rideau de toile écrue, une figure tournée de son côté. Maurice, en effet, s'était assis le dos tourné à la proue; Marcelle était placée à l'arrière, ils se voyaient face à face. Les barques glissaient lentement, conservant leur distance; on quittait à peine Paris, et le voyage est d deux heures.

Marcelle fut surprise aussitôt à la vue de ce jeune homme. Il ne pouvait en être autrement; car l'amour infini nageant dans une immense félicité, éther et flamme, c'est l'élément des âmes bienheureuses. Comment n'eût-on pas remarqué ce transfuge de la patrie céleste! Maurice était si beau, que Marcelle, innocemment, le regarda sans détourner les yeux, croyant continuer quelque rêve. Et tandis qu'elle regardait, lui qui poursuivait son rêve aussi et buvait avidement le rayon de ces yeux adorés, lui, l'infortuné, pâlissait de plaisir, et disait par ses prunelles humides d'effluves, par sa lèvre embrasée, par tout son être qui volait immatérialisé à la rencontre de Marcelle : C'est moi, moi, moi qui vous cherche, qui vous appelle, qui vous possède en ce moment! L'eau, le ciel, la terre, et le monde sont déserts et vides. Je suis seul avec vous dans l'univers!

Cette intensité profonde de la sympathie parvint

bientôt à envelopper Marcelle comme une étreinte. Elle se sentit frappée et s'étonna, et pour se défendre, elle se tourna d'un autre côté. Mais ce n'avait pas été sans remarquer la flamme allumée dans ces yeux avides, et le caractère d'exaltation écrit sur ce front orageux, et l'égarement d'une physionomie qui ne lui était pas inconnue. Elle chercha si elle n'avait pas déjà vu cette figure, et se rappela les Carrières, la petite porte, et la scène mystérieuse dans laquelle ce jeune homme avait joué son rôle étrange.

Elle reconnaissait Maurice en sa pensée, et, par un mouvement de curiosité plus fort que toute prudence, au moment où elle se disait : C'est lui! elle le regarda. Il pensait à la même chose, avec elle, en même temps qu'elle, et s'attendait à ce regard. Ce fut un éclair à la lueur duquel ils se devinèrent l'un l'autre.

Mais alors Marcelle se souvint de la frayeur que le jeune homme lui avait inspirée; les émotions de la première rencontre avaient survécu. Ce souvenir, si défavorable à Maurice, l'emporta sur la bonne impression qu'il venait de produire, et la vicomtesse, troublée, mais résolue, ne jeta plus les yeux du côté de cette barque verte et se livra tout entière à la conversation de sa compagne qui lui expliquait le paysage.

Maurice en devint triste comme les oiseaux quand le soleil se cache un jour d'éclipse. Il craignit d'avoir provoqué cette rigueur par l'audace de ses premiers regards. Cependant le temps s'écoulait. Mille bateaux croisaient le sien et séparaient le bleu du vert. Parfois, Marcelle disparaissait dans un tourbillon de jouteurs qui, la bouteille à la main, animant leurs rameurs et prenant l'aviron eux-mêmes, se défiaient à qui arriverait le premier pour commander une matelote. Et les filles criaient de joie et les mères de peur, et les rives encombrées de pèlerins à pied répondaient par de formidables encouragements. Maurice, malheureux et assourdi, laissait passer la tempête, attentif à retrouver Marcelle aussitôt qu'un peu de calme revenait.

Il arriva, qu'au plus fort de ces bourrasques, le bateau vert faillit chavirer sous la pression d'une flottille qui usurpait le milieu de l'eau. C'était tout Audinot, mêlé à tout Nicolet, embarqué sur trois galiotes à huit rames. Ces demoiselles, resplendissantes, acclamées, filaient comme des néréides sur leur monstre, en chantant gratis les refrains les plus populaires. L'Estrigny montait la galiote amirale en compagnie de Sophie Forest. Maurice, éperdu à leur approche, n'eut que le temps de se retourner sous les cerceaux de sa tente. L'ouragan passa si vite qu'il espéra n'avoir pas été aperçu. Joseph n'avait pas jeté les yeux de ce côté.

A part cet épisode inquiétant, le voyage se termina sans encombre. Marcelle, à distance, se surprit deux ou trois fois à rechercher la barque verte, sans doute pour constater la disparition de son effrayant inconnu. Maurice, rendu circonspect par la crainte de déplaire, s'abritait toujours derrière quelque rempart. De là, invisible, il voyait et idolâtrait à son aise. On aborda ainsi au pont de Saint-Cloud.

Pendant le reste du jour, il se mêla aux milliers de spectateurs qui admiraient le jeu des eaux et la majesté du parc, suivit Marcelle sans affectation, la vit rougir une fois d'avoir encore rencontré ce regard suppliant qui répétait : C'est moi... Après cet exploit, il se rejetait dans la foule pour ensevelir son bonheur. Bientôt, l'âpre plaisir s'étant effacé, il volait à une sensation nouvelle, de sorte que la vicomtesse trouva incessamment, jusqu'au soir, en face d'elle, à ses côtés, partout où elle ne l'attendait pas, cette figure parlante, et se demanda si c'était par hasard, et, le soir venu, au lieu de dîner à Saint-Cloud, comme tout le monde, Marcelle monta dans son carrosse, qui était venu de Paris par Boulogne la chercher à la grille du parc, déjouant ainsi tous les plans, tous les rêves du malheureux Maurice. Bien plus, il y avait Cornevin dans ce carrosse, Cornevin qui s'était permis cette récréation après sa journée faite; en sorte que l'amoureux, réduit à se cacher, loua une voiture dont les rosses haletantes ne purent suivre les chevaux de la vicomtesse. Marcelle était rentrée depuis une demi-heure et se déshabillait, quand Maurice arriva furieux rue de Cléry, juste à temps pour envoyer un baiser à son ombre et retourner souper avec son père, en répétant tout bas :

— C'est égal, maintenant elle me reconnaîtra!

Elle le reconnut en effet, car, à partir de ce jour, effréné d'amour, il ne perdit pas une occasion de la voir ou de se faire voir d'elle. Quelquefois, il effleurait sa robe en passant : c'étaient les jours de délire. Ce sacrilége commis, il s'enfuyait si vite qu'on l'eût arrêté comme un voleur si la police eût passé par là. Une fois, il écrivit une de ces lettres vagues, sublimes de sentiment et de folie, qui sont presque toujours inintelligibles pour celle qui les reçoit, car elle vit sans vous, cette femme avec qui vous vivez sans cesse; elle ne pense pas à vous, cette idole à qui vous pensez toujours; elle ne peut donc pas vous comprendre, insensé, puisque l'immensité morale vous sépare. Mais Maurice espérait mieux, et peut-être avait-il raison. Marcelle sentait en effet partout l'influence de cette obsession passionnée; elle voyait ce fou entre les roues de toutes les voitures, ce fantôme au fond de tous les angles sombres; nul n'était capable ou coupable d'autant de folies. Elle attribua donc sans hésitation la lettre à son auteur, et ce fut avec un redoublement d'épouvante.

Cependant où trouver plus de respect, plus de délicatesse exquise? A part cette opiniâtre persécution, avait-il jamais parlé, gêné, compromis? Marcelle, néanmoins, ferma hermétiquement rideaux et fenêtres, changea ses heures de sortie; elle ne changea rien aux événements, car Maurice la devinait en tout, suppléait à tout et se multipliait avec le génie de l'amour.

Il n'est pas une femme de bien, une véritable femme qui confonde la vertu avec la brutalité, et se décide à outrager l'homme qui l'aime respectueusement. Nulle femme n'était plus pure et plus chaste que Marcelle; l'idée d'un sentiment incompatible avec son devoir suffisait pour la révolter; mais elle se contentait de le penser, d'en être sûre; et quand elle voyait ce malheureux jeune homme, bizarre et beau, délicat et ardent, passer, regarder, attendre quelquefois des heures entières et s'éloigner avec résignation, et revenir le lendemain sans ostentation, sans fiel, sans espoir, et consumer ainsi sa jeunesse et le temps de ses travaux, peut-être celui de ses plaisirs, elle songeait avec tristesse que le silence d'une femme qui se sait aimée n'est pas aussi innocent qu'on le croit; que cette femme a tort d'en être fière et reste néanmoins responsable devant sa conscience du mal qui se commet à son sujet. Elle se disait, en considérant le tumulte de cette pauvre âme errante autour d'elle, qu'elle voudrait connaître la sœur de ce jeune homme ou sa mère, et leur bien expliquer que leur fils ou leur frère se perdait, et les supplier de le convaincre. Vingt fois elle faillit avertir dame Hilaire ou Cornevin d'avoir à descendre et d'aborder le pauvre amant et de le détourner avec d'honnêtes paroles. Elle n'osa jamais déclarer qu'on la recherchait ainsi, et c'est un charme presque divin que cette pudeur de l'amour qu'on inspire. Entre la femme qui avoue qu'elle aime et celle qui se dénonce aimée, la moins pure n'est pas celle qui s'accuse.

Non, Marcelle ne trahit pas le secret de ce jeune homme. Peut-être quelque sceptique en voudra-t-il induire qu'elle le tolérait. Nullement; c'était le temps où la morale ne prescrivait pas les cruautés inutiles. Ce qui est inutile en matière de pénalité est odieux.

La vicomtesse savait d'ailleurs que le supplice ne durerait longtemps ni pour lui ni pour l'autre. Le temps approchait où, ses affaires terminées, elle retournerait aux Vertes-Feuilles. Plus d'angle noir là-bas; plus d'embarras de voiture, plus de promenades à Saint-Cloud en barque bleue ou verte. Un matin, avant huit jours peut-être, Cornevin aurait achevé son travail, l'archevêque aurait envoyé sa requête irrésistible au président, le rapporteur nommé par ce magistrat aurait arrêté son rapport dont les conclusions seraient connues. Alors, le procès étant pour ainsi dire jugé, Marcelle se mettrait en route, et le pâle jeune homme aux yeux noirs ne trouverait plus rien rue de Cléry quand il y reviendrait. Pourquoi rompre la tête à maître Cornevin pour des futilités et crier au secours quand on peut si aisément se défendre soi-même.

XVI

Quelques jours après, Cornevin devint soucieux. Il ne parlait plus aussi volontiers du procès qu'on devait gagner avec tant d'éclat. On le voyait s'enfoncer plus profondément dans ses livres, convoquer plus souvent le procureur de la vicomtesse, et leurs entretiens duraient des heures entières. Marcelle sentit que le digne avocat n'était pas satisfait; elle provoqua une confidence, et Cornevin avoua que l'affaire tournait mal; que le rapporteur Freschot concluait en faveur de la prétention contre la possession, et que c'est un fait rare que les conclusions du rapport n'aient pas une influence décisive dans une affaire litigieuse que les juges n'ont souvent pas étudiée à fond comme le rapporteur.

Marcelle avait beau s'être un peu aguerrie contre les secousses, et elle en avait subi beaucoup depuis quelque temps, celle-là l'étonna et fut mal supportée. Cornevin prétendit que tout n'était pas perdu, mais qu'il était à propos d'appliquer le *Cavèant consules!* Il parla latin à Marcelle, l'excellent homme! mauvais signe. Elle en fut atterrée.

Il prescrivit l'énergie. Il avait composé un mémoire, un véritable chef-d'œuvre, comme il en sortit beaucoup du fond de ces cabinets modestes des avocats du siècle dernier. Marcelle porterait ce mémoire aux conseillers. Malgré leurs rebuffades ou leurs gracieusetés plus redoutées encore, elle mettrait le siége devant chacun d'eux, sans oublier le rapporteur. Elle presserait l'archevêque d'envoyer sa lettre qui n'arrivait pas. On verrait à faire venir le vieux comte Gilbert, tout malade qu'il fût, pour attendrir les juges. Enfin, on demanderait une nouvelle audience au président pour le supplier de lire avec attention ce mémoire irréfragable.

L'alarme fut au camp; Marcelle se remit à pleurer. Elle pleurait facilement, la douce femme. Elle écrivit aux Vertes-Feuilles des lettres désolées auxquelles des lettres désolantes furent répondues. Le comte Gilbert ne cachait plus son état. Cloué par la goutte et la fièvre, sur son lit, sur le parquet même, car le lit lui était devenu insupportable, il ne pouvait songer à entreprendre seulement le voyage de la chambre voisine. Marcelle ne devait compter que sur elle. Bertrand, on l'avoua, avait pris la mer pour porter, plus loin que Brest, les dépêches ministérielles. Aux mains de Cornevin, à la coopération de Marcelle, était remis le sort de toute la famille. Comme autrefois Gilbert contre les Anglais, la dernière debout des la Blinais devait dire « Vaincre ou mourir ! »

Ces exhortations, ce danger décuplèrent les forces de la vicomtesse. Elle commença par recourir à Dieu. On la voyait, les mains jointes, composer des prières, de celles qui se font écouter là-haut. Elle faisait ensuite ses visites, suppliant les hommes comme elle avait supplié Dieu. Quelquefois, on répondait à ses instances par des instances qui la faisaient fuir. C'est alors qu'elle se réfugiait aux pieds du Maître qui n'humilie personne et n'exige rien de la créature que le respect de lui-même en elle-même. Malgré tous ses efforts, l'affaire ne s'améliorait pas, et Cornevin, depuis huit jours, n'avait pas encore redressé l'arc de ses épais sourcils.

Depuis ces mêmes huit jours, Marcelle semblait avoir perdu la mémoire ou le sentiment de tout ce qui n'était pas l'intérêt de la famille. Elle relisait incessamment les lettres du vieux Gilbert, qui disait : « En vous est notre espoir. » Elle se répétait tout bas les derniers mots de son mari : « Je vous confie la vie de mon père et de mon fils. » Et elle s'interrogeait comme une coupable, et demandait à Cornevin quelque tâche à faire, quelque sacrifice à accomplir.

Voyait-elle à travers son trouble et ses larmes le jeune homme assidu à lire sur son visage? Savait-elle qu'il la regardait? Avait-elle conscience de cette existence fanatiquement soudée à la sienne, et qui l'accompagnait comme l'ombre suit le corps? En était-elle arrivée à ce comble de l'exaltation qui néglige tout détail, qui absorbe tout dans une fonction unique, et cette fonction n'était-elle pas de crier sans relâche vers Dieu, sans songer qu'il y eût quelque chose sur terre ?

Voici pourtant ce qui arriva. Elle avait passé toute une journée dans les larmes; rebutée en plusieurs endroits et parfois offensée. Il lui sembla le soir qu'elle n'avait pas assez prié : elle en sentait comme un besoin dévorant. La chapelle des Filles-Dieu, en face de ses fenêtres, avait éclairé sa rosace à figures peintes, comme un fanal qui appelle le voyageur perdu. Marcelle prit à la hâte sa mante et descendit sans emmener Tiennotte, sans même songer qu'elle était seule. Cette chapelle illuminée l'attirait. Le temps était étoilé, le quartier désert : chacun courait au boulevard du Temple, à la parade. La vicomtesse se jeta dans l'église avec une ardeur famélique, choisit d'instinct le pilier le plus sombre, et, ne sentant personne autour d'elle, s'agenouilla sur la dalle et se mit à prier.

La fièvre la gagnait. Elle s'enflammait en parlant à Dieu; elle lui dit sa souffrance, ses craintes; elle parlait à demi voix; c'est crier, dans un sanctuaire. Elle prit à témoin ce Dieu miséricordieux et tendre de l'injustice dont son père, son fils et son mari étaient victimes. Elle en appela à ce juge infaillible de la vertu et du droit de tous les siens. Elle lui demanda de sauver la fortune et la vie des êtres qui lui étaient chers. Elle se courbait jusque sur la pierre, elle frappait sa poitrine sans y trouver une tache à expier. Elle se dévouait cependant, et suppliait Dieu de la punir, elle, de la faire longtemps souffrir, de la prendre et d'épargner les innocents.

Elle pleurait à chaudes larmes, et lançait sa prière à travers mille sanglots, lorsque soudain un grand gémissement se fit entendre auprès d'elle. Elle se retourna, et n'eut pas le temps de se relever. Deux mains avaient saisi les siennes, une tête se penchait vers elle avec un élan impétueux. C'était le visage de Maurice, ravagé par l'expression d'une insupportable douleur, et tout sillonné de larges pleurs à travers lesquels flamboyaient ses yeux.

— Ne pleurez pas, dit-il d'une voix déchirante, vous serez exaucée !

Et il la relevait en effet, puissant comme un archange. Tout cela se fit en une seconde. Marcelle n'avait pas encore bien compris, que déjà elle se trouvait seule dans la chapelle. Il avait fui. Elle se demanda si réellement un ange lui était apparu.

XVIII

Mais ses poignets encore brûlants, encore marbrés de la pression des deux mains de l'inconnu, expliquaient cette apparition dans un sens beaucoup moins mystique. Marcelle avait trop bien reconnu l'éternel solliciteur d'amour, et, la première impression effacée, elle s'indigna d'être ainsi poursuivie et surprise.

Elle voulut se punir d'avoir remarqué les yeux troublés de ce jeune homme et sa véhémente sollicitude; elle se condamna d'avoir faibli un instant devant ce témoignage d'une sympathie inacceptable. Honteuse, elle rentra chez elle, où toute la semaine elle demeura barricadée, fuyant la fenêtre, même à l'abri du rideau, s'attachant à la robe de dame Hilaire comme une enfant peureuse, écoutant les trois confirmations et les deux péroraisons de rechange qu'avait composées Cornevin, et ne posant plus le pied hors de la maison. En sorte que pendant ces huit jours mortels, Maurice ne sentit et n'aperçut rien qui lui prouvât que Marcelle vivait derrière ces murailles inflexibles.

En revanche, il crut apercevoir une fois la figure de l'Estrigny au bout de la rue de Bourbon. Il se cacha du mieux qu'il put, et se flatta de n'avoir pas été reconnu. Mais, le surlendemain, pendant une des nombreuses contre-marches qu'il variait dans le quartier avec la cauteleuse sagacité du renard, il vit distinctement le même l'Estrigny arrêté dans un fiacre au coin de la place de la Ville-Neuve. La peur le prit : une sueur froide inonda son front. Joseph, depuis leur dernière entrevue à l'hôtel du président, n'avait fait que de rares visites à Barbeau, toujours en l'absence de Maurice; il avait donné un rendez-vous à ce dernier qui ne l'avait pas accepté : l'Estrigny se défiait-il du changement brusque survenu dans la vie et les idées de son compagnon? Soupçonnait-il la vérité, osait-il espionner pour la découvrir tout entière ? Cet espionnage ne remontait-il pas au jour des eaux de Saint-Cloud? Maurice, en présence d'un tel danger, ne se sentit plus l'audace de risquer de nouveaux voyages à la rue de Cléry : d'ailleurs ses forces n'y eussent pas suffi.

Décidé à tenir sa promesse envers Marcelle; c'est-à-dire à faire triompher sa cause et à jouer au vrai le

rôle d'archange tout-puissant, Maurice avait à peine
assez de temps, assez de talent, assez de volonté pour
faire décider, dans le sens diamétralement opposé,
l'affaire que lui-même avait d'abord recommandée en
faveur de l'Estrigny. Les obstacles étaient immenses, insurmontables pour tout autre. Il s'agissait de
solliciter des conseillers, de susciter une péripétie,
d'écarter le rapporteur, dont l'opinion eût fait perdre
le procès à Marcelle. Il s'agissait d'amener le président — et cela était le comble de l'impossible — d'amener cet homme de bronze, cet esprit rigide dans
ses partis pris, à envisager l'affaire conformément au
caprice d'un enfant. Il s'agissait, non pas seulement
de soulever cet univers, mais d'étouffer la voix de sa
conscience qui souvent se révoltait contre le parjure,
le faux et l'iniquité. Maurice ne recula devant aucune de ces barrières : sourd, aveugle, intraitable,
il se précipita dans ce chemin maudit comme un martyr court au ciel; d'excuse, il n'en cherchait même
pas ; d'obstacle, il n'en sentait pas un seul de taille à
lutter contre son amour; son mobile, nul ne le connaissait, force immense! car l'homme qui paraît être
désintéressé, ne rencontre jamais de résistances personnelles et n'offre de prise sensible que sur son
amour-propre ; l'adversaire ne le vise pas au cœur.

Maurice avait mille avantages dans la lutte : sa position, le besoin qu'éprouvait chacun de ménager le président son père, le renom d'un talent qui commençait à percer, la grâce de sa personne et de son caractère, irrésistible toutes les fois qu'il voulait séduire. Partout au palais on s'était répété que ce jeune homme promettait un illustre magistrat, qu'il continuerait, s'il n'éclipsait les illustrations de la famille ; on attendait ses débuts : ce fut le côté faible que Maurice exploita chez tout le monde, et particulièrement chez le président de V***.

Il demanda le rapport de l'affaire la Blinais pour ce début si désiré. Il avait fait, dit-il à son père, un travail considérable et nouveau sur cette question de droit tant controversée. L'espèce était merveilleuse par le côté sentiment. Maurice développa sa thèse avec une vigueur et une originalité qui impressionnèrent vivement le président, sensible comme tous les spécialistes aux découvertes qui rajeunissent ou étendent la spécialité. M. de V***, après des objections qui furent victorieusement combattues par l'amant fanatisé, et mollement défendues par un père orgueilleux, finit par fournir lui-même des arguments au néophyte. La matière prêtait aux palinodies. Débris suranné des législations féodales, cette question des substitutions avait contre elle le sentiment publi ; les défendeurs inspiraient un intérêt incontestable; l'archevêque de Montbrison plaidait de loin devant le cœur de son vieil ami.

Le président convint qu'il y avait chance d'un grand succès pour le rapporteur. L'aspect tant soit peu paradoxal de la question, telle que l'envisageait Maurice, anima le vieux juriste d'une ardeur de controverse, dont profita le jeune pour se faire indiquer les bons coups à frapper. Le président, de son côté, étudiait l'affaire au point de vue nouveau, recrutait des adhésions et des autorités. La chose, après huit jours, commençait à prendre tournure. Maurice, pour ne rien trahir de ses préoccupations ou plutôt de sa préoccupation unique, prépara, simultanément avec l'affaire la Blinais, deux autres rapports sur deux causes indifférentes qui viendraient à la même audience; il passa les nuits, il dévora les jours, s'entoura des amis de son père, qu'il gagna, sinon aux trois affaires, du moins à la principale, et lorsque cet homme de génie fut sorti vainqueur des luttes de toute espèce et des travaux écrasants sous lesquels Hercule eût succombé, lorsque tout fut prêt et la révolution opérée dans ce procès que le digne Cornevin se flattait de gagner tout seul, Maurice s'arrêta pour sourire à son œuvre et pour en obtenir le prix. Elle me remerciera, dit-il. Car il n'osait se dire encore :

— Elle m'aimera peut-être !

C'était l'avant-veille du jour où la cause devait être appelée. Les avocats, de part et d'autre, fourbissaient leur éloquence. Cornevin achevait la troisième variante de sa péroraison, qu'il recopiait de sa main avec amour et avec ponctuation, comme Rousseau l'*Héloïse*.

Marcelle, fiévreuse et malade d'esprit, marchait incessamment dans sa chambre, ne se reposant que pour faire ses dévotions au pied de son lit. Vers onze heures du matin, la sonnette de l'allée appela. La servante courut prendre aux mains d'un garçon du palais une lettre adressée à madame de la Blinais et qui contenait cette ligne :

« Le président recevra madame de la Blinais ce soir à sept heures. »

Marcelle, courut porter la dépêche à l'avocat, avec des transports de joie.

— L'archevêque aura écrit au président, dit-elle, et sa lettre a produit bon effet. Ce ne peut être pour me donner un second coup de massue que le président me convoque auprès de lui. Dieu, oui, Dieu a touché ce cœur inflexible.

Cornevin répondit :

— Demain est jour de grande fête, et le président passe les jours de fête à sa maison de campagne de Thiais ; il part ordinairement la veille, après le Palais, avec tout son monde. Pour qu'il vous mande à pareille heure, il faut qu'il ait retardé son départ et qu'il ait quelque chose d'important à vous annoncer. Je pense comme vous que ce ne peut être quelque chose de fâcheux. Espérons. Et, tout en espérant, aidons-nous nous-mêmes.

Marcelle eut le cœur à ce point gonflé de joie et d'impatience, qu'elle ne put manger, malgré tous les raffinements de dame Hilaire. Dès cinq heures elle était habillée, prête, et comptait les minutes.

XIX

Il était nuit lorsque Marcelle monta en carrosse pour se faire conduire à l'hôtel du président. Le temps, déjà noir, s'obscurcissait encore d'une petite pluie glaciale semblable aux premières giboulées.

Marcelle, à son entrée dans la cour de l'hôtel, ne

vit personne pour la recevoir; une lumière brillait au rez-de-chaussée, derrière les rideaux; elle se dirigea de ce côté, monta les degrés du perron, et là rencontra le vieux Barbeau, qui semblait attendre et lui ouvrit la porte du vestibule.

Cette immense maison était sombre et comme endormie. Pas un bruit, pas un feu, pas un mouvement. Il y avait dans ce profond silence une sorte de majesté dédaigneuse qui serrait le cœur.

Barbeau, sans prononcer une parole, introduisit Marcelle dans le salon d'abord; puis, ayant ouvert la porte du cabinet, montra d'un geste le chemin à la solliciteuse. Celle-ci se rappela l'endroit où elle avait été reçue la première fois; elle pénétra dans le cabinet, dont la porte se ferma derrière elle.

La vaste pièce était déserte et noire comme le reste de la maison. A part le feu de la cheminée, il n'y avait de lumière que derrière le paravent, encore était-elle amortie par l'abat-jour, et l'on voyait au plafond palpiter comme le mouvement d'une ombre humaine, le président, sans doute, qui travaillait là.

Marcelle s'assit très-émue et attendit quelques instants près du feu.

Bientôt le paravent s'ouvrit; Marcelle se leva; ses yeux cherchaient anxieusement à lire la première impression qui se produirait sur le visage du président ; elle recula saisie de stupeur et se crut folle. Ce n'était pas le président, mais l'inconnu des Carrières, mais l'éternel persécuteur qu'elle trouvait en face d'elle. Une terreur poussée jusqu'à l'égarement s'empara de la malheureuse femme.

Maurice n'avait pas, lui non plus, une goutte de sang dans les veines ; lui aussi avait peur, et son regard profond semblait demander grâce. Il se remit pourtant le premier.

— Madame, dit-il d'une voix qui réveilla Marcelle en remuant chaque fibre de son corps, mon père a dû partir pour sa maison de Thiais et m'a chargé d'avoir l'honneur de vous recevoir à sa place.

— Vous êtes le fils du président ? s'écria-t-elle.
— Oui, madame.

La vicomtesse jeta autour d'elle un rapide regard pour se convaincre de sa propre raison. C'était bien la maison du président de V***, ses meubles, son portrait. Celui qui parlait pouvait être son fils. Elle ne rêvait pas.

Maurice comprit ce doute. Il comprit également la nuance du regard qu'elle attacha sur lui pour confronter le nom avec la personne, le mystère avec la révélation.

— Oui, madame, répéta-t-il, c'est moi qui suis le fils du président de V***, et, si vous voulez bien m'écouter, peut-être n'en aurez-vous pas de regret.

Marcelle n'était pas encore assez maîtresse d'elle pour entendre des choses simples. Le trouble de toutes ses visions passées régnait encore dans son cerveau. Elle ne voyait ce jeune homme qu'à travers les mille souvenirs qu'il avait semés entre eux depuis la rencontre des Carrières. Elle eût compris son apparition partout, fût-ce en des circonstances surnaturelles. Dans ce cabinet du président, elle la trouvait invraisemblable; elle n'y croyait pas.

Il fallut pourtant s'y résigner, croire et écouter, elle qui s'était juré de fuir au bout du monde plutôt que de revoir en face l'étrange fantôme qui l'avait trop souvent agitée. Il lui montra un siége qu'elle accepta, et s'assit assez loin d'elle pour qu'elle se rassurât au moins quant au respect.

Maurice s'adossait à la table sur laquelle était posée la lampe; son visage était dans l'ombre; celui de la vicomtesse recevait tout entier le rayon lumineux. Cependant, comme s'il eût encore souffert d'un excès de lumière, le jeune homme tint quelque temps son front dans sa main, ses yeux baissés vers le parquet.

Cherchait-il des paroles? Non; il essayait d'apaiser les battements de son cœur.

Un silence de quelques secondes est intolérable entre gens qui se disent tant de choses à eux-mêmes. Marcelle en fut vivement blessée; elle l'interrompit par ces mots :

— J'écoute, monsieur.

— Madame, répliqua Maurice avec effort, M. le président a fait instruire tout particulièrement l'affaire qui vous intéresse. Ce soin lui a été inspiré par les recommandations de vos amis et par la peinture touchante que vous lui fîtes de votre situation le jour où vous vîntes à son audience pour la première fois.

Maurice s'était exprimé avec une grande douceur, sa voix tremblait; ce qu'il venait de dire était obligeant et poli; Marcelle s'inclina légèrement.

— Il eût été difficile, en effet, continua Maurice, de ne pas s'attendrir avec vous sur le malheur qui menaçait votre famille, et vous fûtes ce jour-là si éloquente, madame, permettez moi de vous l'assurer, que devant moi vous avez gagné votre procès...

— Devant vous... balbutia la vicomtesse.

— J'étais ici, dit-il, ici où vous me voyez, ce paravent fermé sur moi comme à l'ordinaire. Vous, madame, vous vous teniez où vous êtes en ce moment ; mon père là en face. J'entendis votre voix et je vous vis...

Un nuage passa sur ses yeux, Marcelle rougit et instinctivement recula son siége. Ce mouvement rappela Maurice à lui-même. Il reprit :

— Votre émotion était communicative, sans doute, car je fus ému. La cause, telle qu'on me l'avait donnée à étudier et que j'avais crue d'abord mauvaise, je résolus de l'approfondir. Il eût été cruel de ruiner, faute d'un peu de travail, une femme, une famille, veux-je dire, digne de tout intérêt. J'ai donc revu l'affaire, obtenu que le rapport en fût confié à quelqu'un dont l'opinion vous est favorable, et, sachant l'inquiétude dans laquelle vous vivez au sujet de ce procès qui se présentait mal d'abord, j'ai pensé que vous me sauriez gré de vous donner quelques nouvelles...

— Monsieur ! s'écria Marcelle emportée vers lui par l'espérance.

— De bonnes nouvelles, oui, madame. Le rapporteur a été changé. Le nouveau rapporteur, comptez sur lui.

— Ah ! monsieur ! qui est-ce ?

— C'est moi, dit Maurice pâlissant de joie et de fatigue peut-être.

— Vous!

— J'attacherai à cette affaire, à son succès, mon nom et le souvenir de mes débuts, murmura-t-il avec un accent de triomphe et d'ivresse passionnée qui glaça tout à coup en Marcelle son bonheur, qu'elle laissait déjà éclater avec sa reconnaissance.

Mais Maurice, après tant de combats et de sacrifices, Maurice, qui connaissait seul l'énormité du résultat que son amour avait eu seul la puissance d'obtenir, pouvait-il croire un moment qu'il fût possible de lui marchander ce remercîment d'un sourire?

La voyant changer d'expression, il crut qu'elle se défiait de sa jeunesse, de son inexpérience, et qu'elle doutait du succès.

— Votre cause est gagnée! s'écria-t-il. Qui donc la défendrait comme moi? Est-ce l'avocat languissant et banal, le vieillard épuisé, sceptique, que l'on vous a choisi pour défenseur et pour gardien? Oh! je sais qu'il vous voit tous les jours, à toute heure, et qu'il puise la foi, l'éloquence dans vos yeux; je sais qu'il veut gagner votre procès... Mais moi, je veux que vous soyez heureuse, que rien ne trouble désormais cette vie à laquelle depuis trois mois s'est associée toute ma vie, ce sommeil sur lequel tant de fois j'ai veillé, pauvre vagabond caché dans l'ombre, en face de vos fenêtres. Ne vous ai-je pas dit l'autre soir, dans l'église des Filles-Dieu, que vous seriez exaucée, ne l'ai-je pas juré sur mon salut éternel ? Vous vous y attendiez, n'est-ce pas ? Vous saviez bien que travail, peines, tortures de toute espèce, j'endurerais tout pour vous épargner une larme ? Car je vous ai vue pleurer, et mon cœur a failli s'échapper de ma poitrine.

— Mais, monsieur, répondit Marcelle effrayée, pourquoi me dites-vous tout cela ? Je ne vous comprends pas.

— Oh ! vous m'avez bien reconnu, vous ne voudriez pas mentir. Souvenez-vous de ce que j'ai souffert pour mériter que vous pensiez à moi sans colère. Ai-je jamais franchi les bornes du plus religieux respect ? Quand vous sortez et que tout le monde vous voit et vous trouve belle, vous ne haïssez pas ces gens qui vous regardent. Ils s'arrêtent cependant pour vous admirer. Quelquefois ils osent vous le dire ; moi, vous ai-je jamais adressé un seul mot ? Je fuis quand vous paraissez, je me cache aussitôt que vos yeux ont rencontré les miens, et ma part de bonheur est faite pour toute la journée. Si je reviens, c'est que le besoin de vous voir me brûle comme une soif inextinguible. Eh bien, me disais-je, elle est perdue, ruinée, elle sera malheureuse. Rien ne peut la sauver du désespoir. J'y essayerai, moi ; ce que personne, ce que le roi même ne ferait pas, je le ferai. Qui sait si un jour ou l'autre elle ne va pas disparaître ; — Oh ! cette idée me dévorait ! — qui sait si je la reverrai jamais, lorsqu'elle sera retournée dans sa province ! et je ne lui aurai pas parlé, et elle pourra dire qu'elle n'a pas compris ce que disaient mes yeux, ce qui s'exhalait de mon âme ! et, resté seul en ce Paris désert, je traînerai partout le remords de ne pas avoir une fois, une seule fois, étalé mon cœur à ses pieds ! Non ! je l'ai voulu ; j'ai voulu vous forcer à quelque sentiment tendre envers moi. Le plus délicat de tous, le plus facile aux âmes comme la vôtre, c'est la reconnaissance. Vous ne pouvez me refuser la reconnaissance ; j'aurais pu, comme ils font tous, vous aborder un jour, un soir, — on est plus hardi le soir, — j'aurais pu vous supplier, vous adorer à genoux, et, si vous m'aviez repoussé, si vous vous fussiez enfuie, c'eût été du moins en emportant mon secret, comme un fer qu'on n'arrache pas du cœur. Je me suis privé de cette joie vulgaire ; je m'en promettais de plus nobles, de plus parfaites ; d'ailleurs vous n'êtes pas une femme comme les autres, à qui l'on vole un coup d'œil, à qui l'on surprend un mot dans la rue, en plein ciel, devant mille témoins qui observent et qui rient. C'est ici, librement, à l'abri de tous les regards, sans danger pour vous et sans honte que je vous vois, que je vous parle, et vous ne direz plus désormais que vous ne me comprenez pas, madame, et vous ne direz plus que vous ne me connaissez pas.

Marcelle se leva brusquement.

— Je vous connais bien, dit-elle, monsieur, vous qui m'avez attirée ici sous le nom de votre père, et qui, chez vous, où je ne suis pas libre comme ailleurs, osez me faire entendre un langage qui m'offense...

— Qui vous offense! s'écria Maurice en joignant les mains; je suis donc bien malheureux!...

— C'est moi, monsieur, qui suis malheureuse de me sentir seule, humiliée, sans protecteur, dans ce piège...

— Un piège! Mais, madame, j'ai voulu vous apprendre le succès de quelques efforts tentés pour vous servir.

— Et m'imposer la reconnaissance!

— Me la refuserez-vous!

— Je refuse tout, comme le refuserait ma famille,

mon mari, dont je représente ici et dont je défendrai l'honneur avec le mien!

Et en répliquant avec cette énergie qu'elle exagérait elle-même pour doubler ses forces, Marcelle avait repoussé sa chaise et se dirigeait vers la porte. Maurice, consterné, la laissait faire. Tout à coup il bondit au-devant d'elle, et, lui barrant le passage :

— Ah! c'est ainsi, dit-il d'une voix altérée par la douleur la plus poignante qu'il eût jamais ressentie; ah! ce mot d'honneur suffit pour vous dispenser de la plus insignifiante indulgence. Ah! je touche à votre honneur, moi qui, depuis que je vous connais, vous ai traitée non pas en femme, non pas en idole, mais en divinité devant laquelle on tremble, et à qui l'on n'offre l'encens qu'en rampant et en détournant la tête pour ne point offenser sa majesté! Voilà comment celle à qui j'ai tout donné, ma vie, ma pensée, mon âme, voilà comment elle me châtie, comment elle me chasse, sans un seul mot de pitié pour ma jeunesse, sans remerciment pour mon zèle, sans un conseil à ma folie! Je vous insulte parce que je vous aime, et vous venez me demander compte de votre honneur... Rendez-moi donc le mien, à moi, qui me suis parjuré pour vous, qui pour vous ai vendu ma conscience, faussé la loi et dépouillé un homme que la loi et ma conscience m'ordonnaient de conduire par la main chez vous-même, aux Vertes-Feuilles, en ce domaine usurpé que je voulais vous conserver au prix d'un remords éternel. Ah! cet amour si humble et si désintéressé vous déshonore!... Non, pas même cela, c'est moi qui en suis déshonoré; et vraiment, vous me le rappelez à temps, madame, je bénis votre cruauté qui fait tomber le bandeau de mes yeux. Rassurez-vous, je n'oublierai ni ce que vous êtes, ni ce que je suis; ce sera mieux. Quelle erreur, en effet, était la mienne!... Les gens d'honneur ne souffrent pas qu'on les serve en violant l'honneur. Et votre famille, et votre mari, que vous représentez, et dont vous me menacez, peut-être, eussent rejeté avec indignation le sacrifice que je faisais pour vous épargner un chagrin, pour les sauver de la ruine. Il suffit: ce que j'ai fait, je puis le défaire; j'y mettrai plus de passion encore : la passion de l'honnêteté et du vrai. Je renonce à ce début. Demain M. le conseiller Freschot reprendra son rapport et ses conclusions; j'avouerai mon crime à mon père; il saura dans quel accès de délire j'ai surpris sa bonne foi, et il me pardonnera, lui, ce que vous ne m'avez point pardonné. M. de l'Estrigny recevra bonne justice; chacun sera satisfait, Dieu aussi, qui lisait dans mon cœur et n'est jamais sans pitié pour les coupables dont un amour insensé est l'excuse. Pardonnez-moi, madame, voilà notre honneur à tous dégagé. Vous êtes affranchie de cette reconnaissance qui vous faisait horreur. Nous sommes libres tous les deux; haïssez-moi, je m'abhorre. Adieu! madame, adieu!

A ces mots, suffoqué par le désespoir, Maurice alla se jeter devant la table, car il ne pouvait se tenir debout, et, s'y appuyant, ensevelit son front dans ses mains tremblantes.

Marcelle demeurait foudroyée, blanche, à trois pas de la porte qu'elle regardait, qu'elle voulait atteindre, et elle ne pouvait arracher ni une résolution de son cerveau, ni un pied de ce parquet infernal.

L'écroulement de ses espérances, le désastre de son père, de son mari, de son fils, tout cela pour un mot absurde, pour une misérable susceptibilité. En quoi ce jeune homme, ce fou, avait-il offensé, pouvait-il offenser l'honneur d'une honnête femme? Pourquoi elle, que Dieu sauvait grâce à un miracle, défaisait-elle, par sa lâche peur, l'ouvrage de la Providence? Oui, elle était funeste, maudite; il lui suffisait de se montrer, de parler, et tout était perdu.

Maintenant, plus de ressources; — l'abîme, et voilà tout. Maintenant, il fallait marcher, marcher vers cette porte, l'ouvrir et disparaître : une honnête femme, cela doit être orgueilleux. Allons !

Elle fit un effort désespéré, elle commença un pas ; deux ruisseaux de larmes jaillissaient de ses yeux ; un gémissement d'agneau s'exhala de son sein.

A ce bruit, Maurice sentit se révolter tout son être ; il s'élança de nouveau, les bras ouverts, et se roula éperdu aux pieds de la vicomtesse.

— Par grâce, s'écria-t-il, ne croyez rien de ce que j'ai dit tout à l'heure ; je l'ai dit dans la colère, je suis méchant, je ne suis pas vil. — Par pitié ! par pitié ! si je vous ai offensée, pardon ! Oh ! ne craignez rien, je baise la terre devant vous. — Ai-je parlé de service rendu, ai-je mendié votre reconnaissance ? Non ! non ! je serais le plus méprisable et le plus faux des hommes, moi qui vous dois le seul bonheur que j'aie rencontré en toute ma vie. Pardon, madame, vous êtes libre, vous pouvez partir ; éloignez-vous sans ressentiment, souvenez-vous de moi sans haine ; votre cause est bonne, elle est sacrée, elle triomphera ; retournez dans votre famille. Je ne vous demande pas un remerciment, pas un regard, — pas même un souvenir : — partez !... partez !...

C'en était trop pour cette pauvre âme brisée qui se débattait convulsivement dans un corps exténué, comme la flamme d'une lampe se tord au vent d'orage... Marcelle ne répondit que par des sanglots à ces protestations passionnées de repentir. Avec l'idée du danger s'éteignit en elle la force. Elle chancelait; elle sentit qu'elle allait tomber, et chercha de la main l'appui d'un siége sur lequel elle se laissa glisser sans pouvoir cacher son visage inondé de pleurs

— Je ne veux pas que vous pleuriez, dit Maurice, je ne le veux pas. Jamais je ne vous reverrai; jamais je ne vous adresserai une parole; ne pleurez pas, ne soupirez pas !... Venez, que je vous soutienne, que je vous conduise à votre voiture. Votre main seulement, pour me témoigner que vous me pardonnez, que vous me quitterez sans me haïr. — Vous détournez la tête, je vous fais horreur, un mot ! Comme vous êtes pâle... ô ciel... un mot, je vous supplie, — votre main est glacée.

Il s'épouvanta du froid mortel de ces deux mains inertes qu'il couvrait vainement de baisers en appelant Marcelle. Un silence effrayant lui répondit. Marcelle avait perdu connaissance.

XX

Le jour bleuissait les vitres de la maison de Cornevin et glissait en brume azurée dans la chambre de la vicomtesse, lorsque Tiennotte, ouvrant avec précaution la porte du cabinet voisin où elle couchait, jeta un coup d'œil inquiet vers l'alcôve de sa maîtresse.

Elle y vit Marcelle, éveillée, immobile, fixant de grands yeux arides sur l'ombre de ses rideaux : ce regard des fous ou des agonisants qui fait peur.

Elle accourut, pour savoir de la vicomtesse comment elle se trouvait.

— Pourquoi? demanda Marcelle.

— Madame nous a tous effrayés, répliqua Tiennotte, en rentrant hier, si défaite et si tremblante.

— Ah! murmura Marcelle, j'étais défaite et tremblante!...

— Et froide comme une trépassée; madame ne sortait pas du carrosse; il nous a fallu la monter dans nos bras.

— Oui, Tiennotte, oui.

— Et pas un mot. Nous avons tous été si bouleversés! On eût bien fait d'envoyer chercher un médecin, comme le conseillait dame Hilaire.

— Eh bien, Tiennotte?

— Eh bien, madame n'a pas voulu, et a renvoyé tout le monde en disant qu'elle avait pris froid, qu'elle voulait être seule.

— C'est vrai, j'avais pris froid.

— Madame a eu la fièvre toute la nuit; je l'entendais grelotter et gémir. — Mais on voit qu'il y a du mieux. L'œil, qui était presque éteint hier, brille aujourd'hui.

Cet œil étincelait en effet. Marcelle poussa un soupir semblable à un rugissement.

— Qu'y a-t-il encore? s'écria Tiennotte.

— Rien, reste ici, je te défends de sortir.

— J'ai promis à M. Cornevin, à dame Hilaire de leur donner des nouvelles, de les éveiller sitôt que j'aurais vu madame...

— Reste ici, te dis-je. Il fait jour?

— Bientôt, madame.

— Habille-moi. Dépêchons; pas de bruit.

Marcelle, dont chaque mouvement était saccadé, chaque mot tranchant comme un coup de hache, se jeta hors du lit, les pieds nus sur le carreau froid, et la douleur lui fit du bien.

Elle se laissa, pâle statue, vêtir, coiffer, chausser, exhalant de temps à autre, comme un cri, ce mot fiévreux et sec : Vite! vite!

Tiennotte se multipliait. Lorsqu'elle eut terminé, le jour était déjà haut. Marcelle lui prit la main.

— Écoute, dit-elle, tout le monde dort encore. Je te défends de réveiller personne. Tu vas descendre à pas de loup, tu me chercheras un fiacre dans l'impasse et tu l'amèneras devant la porte. Va.

— Quoi! madame veut sortir, sans voir le bon M. Cornevin, qui a tant recommandé...

— Tu m'as entendue, interrompit Marcelle impérieusement; va, ouvre la porte de l'allée, cours!

Tiennotte, en chaussons de laine, se coula comme une belette sans faire craquer une marche de l'escalier.

— Voir Cornevin! se murmura Marcelle à elle-même, avec un rire amer... et me faire voir, n'est-ce pas!...

Elle enfonça ses ongles dans la chair de ses mains, et, roulant en plis épais sa calèche de soie sur sa bouche, elle étouffa un cri de fureur sauvage, une menace de panthère blessée par un ennemi invisible.

Tiennotte avait ouvert la porte de l'allée. Marcelle descendit à son tour et franchit le seuil sans avoir été aperçue. Une fois dans la rue, elle se dirigea vers l'impasse où Tiennotte devait chercher la voiture. Le fiacre arrivait assez allègrement; la vicomtesse l'arrêta, l'ouvrit, y monta seule et commanda au cocher de la conduire à Thiais, chez le président de V***.

— Tu vois, dit-elle à Tiennotte, je vais chez le président qui m'attend ce matin; redis-le à M. Cornevin aussitôt qu'il sera éveillé.

Et elle partit après avoir glissé un demi-louis dans la main du cocher.

Le temps s'était purifié depuis la veille. Les champs exhalaient la forte odeur des herbes mortes, et, sur les arbres dépouillés, quelques feuilles jaunissantes tourbillonnaient encore au vent d'est. Les noires armées des corneilles rauques manœuvraient dans le ciel bleu. Cette matinée splendide offensait les yeux de la vicomtesse, qui n'eût voulu voir que deuil et désespoir autour d'elle.

Par moment elle sentait la brûlure d'une blessure à son cœur, et bondissait avec rage sur sa banquette, en proférant une imprécation, un hurlement de honte.

Les chevaux, frais et joyeux comme l'animal au

matin, lorsqu'il respire et court dans les champs, avançaient rapidement vers le but. On quitta la route à gauche pour le chemin de Thiais, et un berger indiqua au cocher de Marcelle les toits bleus de la maison du président qu'on apercevait entre les flèches des sapins et des mélèzes, au bout d'une longue avenue.

Cet homme avertit le fiacre que la barrière de l'avenue restait fermée chaque fois que le président ne faisait qu'un court séjour à Thiais; que, en conséquence, la voiture n'y passerait pas et serait obligée de faire un long détour, ou d'attendre à la barrière même.

Descendre, marcher, courir, c'était le plus ardent désir de Marcelle, qui se rongeait en cette boîte, et avait soif de rafraîchir son sein bouillant de colère, et de s'animer par le mouvement, et de crier librement sous la dent aiguë de la douleur.

Elle commanda au cocher de l'attendre et de se ranger le long des arbres, près d'une fontaine. Cependant elle sauta en bas, et entra dans l'avenue, battant le sol durci de son pied nerveux et dévorant la distance.

Elle allait, tête baissée, frémissante d'une joie farouche, méditant sa plainte et ne respirant que châtiments et vengeance, lorsqu'elle entendit derrière elle un pas précipité. Il lui avait bien semblé voir, en passant entre les sapins, une ombre s'allonger sur l'herbe aux premiers rayons du soleil; mais elle était trop préoccupée pour remarquer rien, sinon par les perceptions machinales; le pas se rapprocha tellement qu'elle se retourna pour savoir qui la suivait. C'était une figure effrayante à voir, un visage qui n'avait rien d'humain, des cheveux épars, des yeux rouges de sang, une lividité de spectre. C'était Maurice; elle ne le reconnut pas.

Il l'arrêta du geste, car il ne pouvait parler. Cependant, à force d'étreindre sa gorge, il en exprima ces mots qui le firent reconnaître :

— Vous allez chez mon père, n'est-ce pas?

— Oui, répondit-elle avec un regard haineux et provocateur.

— Lui raconter...

— Lui raconter votre crime lâche et infâme. Votre père est assis sur les fleurs de lis pour juger les scélérats et les misérables; il vous jugera!

Maurice essuya son front trempé d'une sueur froide et se courba sous l'injure; ses yeux égarés ne demandaient pas grâce; sur ses lèvres mordues commençaient à poindre des gouttelettes de sang.

Marcelle continua d'avancer dans l'avenue. Il la suivit humblement comme un mendiant qui supplie.

— J'avais, dit-il, deviné votre dessein; hier, votre malédiction m'a déjà porté malheur. Vous n'étiez pas à cent pas de l'hôtel que j'ai reçu la nouvelle de la mort de mon frère, tué en duel d'un coup d'épée.

Marcelle avançait toujours.

— Mon père n'a plus qu'un fils, reprit Maurice d'une voix déchirante. Avec mon crime, le malheur est entré dans sa maison.

Marcelle, exaspérée :

— L'infamie est entrée dans la mienne, gronda-t-elle en accélérant sa course.

Maurice saisit le volant de sa robe et l'arrêta en disant :

— Je vous supplie, au nom du Dieu qui est dans le ciel, de m'écouter pour la dernière fois.

— Faut-il que je crie, que j'appelle?

— Ayez pitié! Au nom de mon père qui n'est pas coupable, lui, et qui ne sait rien encore, un seul mot!

Et il lâcha cette robe qu'elle arrachait de ses doigts. Cet effort ralentit son pas. Maurice la joignit encore.

— Mon père apprendra donc à la fois la mort de

son fils aîné et le crime de son dernier enfant? C'est bien cruel, madame. Y survivra-t-il? Je l'ignore; moi, je n'y survivrai pas. Ce n'est pas pour moi que je tiendrais à vivre. C'est pour ne pas donner le coup de la mort à mon père. Un crime de plus!

— Laissez-moi passer! s'écria-t-elle. C'est hier, lâche, qu'il fallait avoir des sentiments humains! Laissez-moi passer.

Maurice se releva muet et sombre. La mort semblait écrite déjà sur son visage, comme sa résolution venait de s'écrire dans son cœur.

— Vous avez raison, dit-il, si bas qu'à peine elle eût pu l'entendre, si ce changement terrible de son maintien et de son langage ne l'eût glacée malgré elle d'un inconcevable effroi et avertie d'un grand malheur.

— Eh bien, allez, continua Maurice sans la regarder, allez chez M. le président de V***, et dites-lui que ses deux fils sont morts!

En même temps il avait, par un mouvement plus rapide que la pensée, rompu la chaîne de son épée, jeté le fourreau à dix pas, et il enfonçait obliquement dans le gazon humide la poignée de cette épée, en l'affermissant à coups de pied précipités. Puis il arracha les boutons d'acier de sa veste, prit son élan.

Une seconde de plus, son cœur allait rencontrer la pointe.

Marcelle poussa un grand cri qui arrêta ce furieux. Leurs yeux, cette fois encore, se rencontrèrent. Alors Marcelle, relevant sa mante qui avait glissé de ses épaules, s'en enveloppa le visage et retourna lentement sur ses pas vers la barrière. Maurice, agenouillé la face contre terre, entendit le bruit de la portière qui se refermait. La voiture reprit le chemin de Paris.

XXI

A midi la vicomtesse rentrait chez elle et faisait prier Cornevin de la recevoir dans son cabinet.

Toute la maison était dans l'impatience. On aimait Marcelle, on avait souffert de la voir souffrir. Elle remercia chacun avec cette sorte de sérénité qui résulte toujours des résolutions prises.

Elle avait assez réfléchi depuis le matin pour n'être plus troublée même par les questions les plus familières de l'avocat. Elle lui dit que la veille le président s'était fait attendre sans revenir, mais en fixant l'audience au lendemain, à sa maison de campagne; qu'elle avait eu très-froid en l'attendant, de là un peu de fièvre, — une misère dont on n'eût pas dû se préoccuper.

Cornevin ayant demandé avec empressement des nouvelles de cette audience tout exceptionnelle : Marcelle lui répondit qu'elle n'avait pas à se plaindre du résultat; que le président semblait vouloir se raccommoder avec sa cause; qu'enfin la victoire n'était plus douteuse pour elle, grâce à l'éloquence d'un défenseur comme le sien.

Questionnée sur la valeur de ce bruit qui s'était vaguement répandu que le rapport devait être fait par le jeune de V*** pour ses débuts, Marcelle, encore pâle, réussit, malgré ses frissons, à dire qu'elle n'en savait rien, que le président ne lui en avait rien appris. Et comme, en parlant ainsi, elle sentait le vertige la reprendre, et ses yeux s'éteindre, et tout son corps trembler; comme après tant d'émotions elle n'avait plus ni force, ni ressource pour dissimuler la souffrance qui rompait en elle toutes les digues, elle échappa au clairvoyant Cornevin par un mensonge. Elle prétendit que l'archevêque, dans sa lettre au président, dont celui-ci lui avait donné connaissance, annonçait une aggravation inquiétante de l'état du comte Gilbert, que la santé du digne vieillard demandait les soins les plus prompts, les plus éclairés; elle conclut en déclarant à Cornevin que rien au monde, après une pareille nouvelle, n'était capable de la retenir à Paris et qu'elle partirait à l'instant même.

En vain l'avocat attacha-t-il sur elle son œil sagace, en vain essaya-t-il de lui persuader d'attendre au moins l'audience du lendemain, c'est-à-dire le triomphe, afin de rentrer aux Vertes-Feuilles avec ce baume irrésistible autant que sa présence, Marcelle avait pris son parti. Elle ne voulait pas, fût-ce au prix de sa vie, demeurer une journée de plus dans ce Paris exécré, peuplé pour elle de souvenirs mortels.

Cornevin, trop expérimenté pour essayer de combattre une volonté qui s'exprimait avec cette violence, ne songea plus qu'à aider à sa réalisation. Marcelle sentait qu'elle avait le jour à elle, et que le lendemain peut-être tout serait changé. Elle imprima aux préparatifs de son départ une activité entraînante. Tout ce qui l'eût retardée fut dissipé, brisé; ses valets semblaient avoir trouvé des ailes.

Lorsqu'il fallut dire adieu à Cornevin, qu'elle aimait d'une amitié profonde, elle le remercia de tant de bontés; elle lui prit et lui serra longtemps les mains dans les siennes, en lui faisant promettre de venir passer les vacances aux Vertes-Feuilles.

Elle pleura en embrassant dame Hilaire. Tout prétexte est bon aux épanchements des secrètes douleurs.

A quatre heures, au déclin du jour, malgré avis, prières et remontrances de tout le monde, elle monta en carrosse et partit, s'étant juré le matin même qu'elle ne dormirait plus avant d'avoir échappé à cet enfer.

XXII

Le lendemain fut un jour de gloire pour Me Cornevin, qui gagna son procès après une plaidoirie demeurée célèbre, et dont tout Paris parla pendant un mois.

Le jugement rendu par un vice-président, — car M. de V*** avait dû s'abstenir à cause des débuts du nouveau conseiller, son fils, — le jugement confirmait le comte Gilbert de la Blinais dans la possession libre et paisible du domaine des Vertes-Feuilles, déboutait le chevalier de l'Estrigny de sa demande et le condamnait aux dépens.

On admira beaucoup le talent et la personne du nouveau conseiller rapporteur de cette affaire, et le succès de Maurice balança celui de Cornevin. Les dames de la magistrature en firent les frais avec un enthousiasme qui leur attira bon nombre de couplets sur l'air de Marlborough.

Elles avaient raison, cependant, ces femmes intelligentes, qui sans rien savoir applaudissaient le génie et le courage de Maurice dans cet effort prodigieux imposé même à la nature. En effet, pour ne pas faire manquer l'audience ni retarder la solution qu'un délai eût compromise au préjudice de Marcelle, Maurice eut la force de garder la lettre de Grenoble par laquelle on le chargeait d'annoncer au président la mort de son fils aîné; il étouffa sa propre douleur, et n'apporta au tribunal qu'une pâleur attribuée à l'émotion de son début. Tout le reste fut refoulé par cette volonté de fer au fond d'un cœur bourrelé de chagrins et de remords.

Sa tâche accomplie, Maurice retomba vide et dégoûté au milieu d'une troupe de flatteurs qui, à l'issue de l'audience, se disputaient son remercîment ou un coup d'œil de son père. Deux plaies ouvertes l'avertissaient incessamment par une double morsure : le mépris de cette femme idolâtrée dont il fallait gagner le pardon, et le sourire de ce père heureux, auquel il fallait annoncer une horrible nouvelle. En deux jours tant d'ivresse, de honte, d'angoisses et d'espérances insensées. Ce jeune homme avait déjà bien vécu !

Au moment où, sur ces flots de pensées orageuses, surnageaient le souvenir de Marcelle et la joie de l'avoir sauvée, comme il songeait à lui faire parvenir le texte du jugement pour rançon de sa promesse, il vit venir à lui, écartant la presse, un homme de haute taille et de mise splendide, qui le saluait de loin avec une affectation d'empressement remarquable même parmi tant de courtisans empressés. Maurice reconnut l'Estrigny et sentit un frisson.

— Voilà un début merveilleux, monsieur le conseiller, dit le chevalier en s'approchant avec une révérence respectueuse : qui diantre eût soupçonné en vous un orateur de cette force ! C'est Isocrate pour l'élégance, Démosthènes pour la vigueur, Aristide pour la morale !

Et sans être troublé dans son persiflage par les nombreux témoins de cette scène :

— Si jamais compliment fut sincère, dit-il en ri-

14.

canant, c'est le mien ; car enfin, messieurs, l'éloquence de M. de V*** me coûte quatre cent mille livres ; je suis l'Estrigny, messieurs, oui, je suis le demandeur, le malheureux demandeur si mal traité dans le rapport ; — mais en vérité je ne regrette rien, et voilà un jeune champion qui m'en a donné pour mon argent. Permettez-vous, monsieur, que je vous embrasse ?

En parlant ainsi, il accolait comiquement Maurice, le seul qui pût comprendre cette mystification cruelle, tandis que l'assemblée louait le bon goût du vaincu, et, prenant au sérieux ses félicitations, étendait cette nouvelle jonchée de lauriers sous les pieds du vainqueur.

Maurice fronça le sourcil :

— Je comprends, dit-il à demi-voix au chevalier, que vous souffriez d'un résultat auquel vous ne vous attendiez pas et que je ne prévoyais pas moi-même dès l'abord.

Les assistants, voyant s'établir un colloque entre le plaideur et le fils du président, s'étaient discrètement éloignés.

— Croyez, poursuivit Maurice, que j'en suis affligé, presque confus, et que s'il était en mon pouvoir de vous dédommager...

L'Estrigny se mit à rire.

— Bah! répliqua-t-il, je me dédommagerai parfaitement moi-même; nous avons toutes les ressources possibles pour obtenir tous les dédommagements possibles; c'est une première manche, voilà tout. Cela m'apprendra le jeu; l'expérience, voyez-vous, mon cher Maurice, ne se paye jamais assez cher.

— Que voulez-vous dire? demanda Maurice d'une voix altérée.

— Une seule chose, mon jeune ami, dit l'Estrigny du même accent railleur, mais d'un ton plus bas; je compte interjeter appel, cela va tout seul : seulement, je choisirai mon président de telle sorte qu'il n'ait pas de fils ou que, s'il en a un, le jeune homme n'aime pas les femmes honnêtes, et ne leur accorde pas d'audience le soir. C'est trop dangereux pour les plaideurs. Monsieur le conseiller, veuillez agréer mes respects.

Et il s'éloigna légèrement après une nouvelle révérence, laissant Maurice muet de honte et d'épouvante devant ce nouveau malheur, le plus écrasant de tous.

Ainsi l'Estrigny tenait son secret. Il se jouait avec l'honneur, avec la vie de deux personnes, de deux ennemis qu'il était sûr d'abattre. Ainsi la bave de ce reptile pouvait déshonorer Marcelle... Ce premier aiguillon du châtiment pénétra si avant au cœur du criminel, que Maurice faillit crier de douleur et rappeler l'Estrigny tout haut parmi cette foule.

Mais la présence de son père lui rendit la prudence et le sang-froid.

Du silence, des idées, un plan... Un plan à l'instant même pour désarmer l'Estrigny avant que sa rage eût eu le temps de faire explosion.

Mille pensées haineuses commencèrent à traverser, fantômes sinistres, le cerveau épuisé de Maurice. Il y avait là, parmi les assistants, le lieutenant de police, un des amis du président, un homme énergique et pur, qu'on avait coutume d'invoquer, et jamais en vain, dans les crises de la passion, du malheur, ou du crime. Maurice fit un pas vers ce magistrat pour lui tout avouer, pour lui demander une lettre de cachet afin de protéger Marcelle, et lui-même... Mais la honte l'arrêta. C'eût été une action lâche. L'Estrigny, abusé par un ami, n'avait-il pas au fond de justes motifs de ressentiment? Allait-on combler la mesure, en étouffant un homme à la Bastille après l'avoir dépouillé? D'ailleurs, que voulait-il, ce l'Estrigny? un peu d'argent, il n'était pas impitoyable; de l'argent on en trouverait à tout prix. Le principal était de ne pas laisser s'aigrir chez lui le premier levain de la colère. Tandis que ce fouillis de vipères lui rongeait le cœur, Maurice souriait à ses amis faux ou vrais. Ce supplice dura toute une mortelle heure, après laquelle le président emmena son fils à l'hôtel. Un grand dîner succéda au triomphe ou plutôt le continua fort avant dans la soirée.

Il fallut, pendant la seconde partie de ce jour, que Maurice combinât, avec les amis de son père, les subterfuges et les préparations à l'aide desquels on apprendrait au président la mort de son fils aîné. Quelques zélés, de ceux qui aiment à se rendre importants en ces sortes de circonstances, se chargèrent de plonger le couteau dans le cœur du malheureux père. Pendant ce temps, Maurice, en qui toute sensibilité était épuisée, attendit que le président le fît appeler. Son âme était ailleurs, son corps resta enchaîné là, dans la chambre voisine. Bientôt un bruit sinistre de voix, psalmodiant des consolations, auxquelles répondait un gémissement funèbre, et les sanglots qui éclataient apprirent à Maurice qu'il était temps d'entrer chez son père; il se jeta en pleurant à ses pieds. Ce fut le dénoûment prévu de cette scène navrante.

Aux approches de la nuit, le président ayant demandé à se recueillir dans la prière, et chacun s'étant respectueusement écarté, Maurice congédia les amis de la maison et donna ordre que la porte demeurât fermée. Ce fut alors qu'il put donner un souvenir à ses autres malheurs.

L'Estrigny, d'abord. Barbeau fut expédié au logis du chevalier avec mission de le ramener à l'hôtel. Maurice ne désespérait ni de le fléchir, ni de le gagner de nouveau. Il sentait sa force et la solidité de la base sur laquelle il opérait. Au cas où l'*ami* Joseph exigerait une somme tout de suite, Maurice pouvait le satisfaire ; le président lui avait remis la clef de sa caisse avec la gestion de sa maison. Maurice emprunterait à cette caisse ; n'avait-il pas la fortune de sa mère ? n'était-il pas maintenant l'unique héritier du président ? En causant avec l'Estrigny, il démêlerait adroitement jusqu'à quel point son secret était compromis et pouvait devenir une arme dangereuse aux mains du chevalier. En cas de péril urgent, il aviserait à prévenir et à dégager Marcelle. Avant tout, pour gagner du temps, il jetterait au dogue quelque os à ronger en remplacement de la proie perdue.

Au demeurant, il tenait sous sa main ce l'Estrigny dans un Paris muré où son père était tout-puissant. Chacun de ses mouvements il le surveillerait ; chaque mauvaise pensée il la sentirait éclore.

Barbeau était chargé de passer aussi rue de Cléry chez Cornevin sous un prétexte de signature ou de dossier, et il rapporterait des nouvelles de la vicomtesse.

Dix heures du soir sonnaient lorsqu'il revint apprendre à Maurice que madame de La Blinais était partie la veille. Quant à l'Estrigny, au retour de l'audience, il avait payé la dépense à l'hôtel, envoyé chercher des chevaux de poste et quitté Paris.

Ce double coup acheva Maurice; l'infortuné tomba dans une prostration profonde comme une léthargie; son réveil fut celui du lion qui évente un piége et cherche l'ennemi.

Marcelle était retournée aux Vertes-Feuilles. Mais l'Estrigny, où allait-il? voilà ce qu'il importait de savoir tout de suite.

Le jour même Maurice sut que le chevalier avait pris la route du Bourbonnais; — comme Marcelle.

Il suivait donc la vicomtesse? il avait donc médité quelque vengeance contre elle? L'innocente femme à la discrétion de ce misérable! O châtiment!

Si Maurice n'en devint pas fou, c'est que la folie est un repos entre le malheur et la tombe; et Maurice ne devait pas se reposer encore!

XXIII

Quatre mois avant, cette route du Bourbonnais si belle et si fleurie, et si gaiement parcourue, avait semblé interminable à Marcelle, impatiente d'arriver à Paris. Belle encore dans sa nudité sévère, la route ne parut pas moins longue à la même Marcelle, impatiente de revenir. Qu'il coure après un plaisir ou qu'il se sauve d'une douleur, l'homme se presse toujours trop : la douleur et le plaisir vont plus vite que nous, l'un pour nous fuir, l'autre pour nous rattraper.

Marcelle fit le voyage rapidement, silencieusement. Ses gens la voyant amaigrie et pâle, la plaignaient d'avoir pris tant d'émotion et de peine pour aider au gain de son procès. Ils ne pouvaient soupçonner autre chose. Leur zèle et leur affection pour la vicomtesse ui épargnèrent tout ce qu'ils purent des souffrances du corps.

Ce n'était plus la femme brillante et enjouée dont

chacun se disputait un regard lorsqu'elle sautait légère et fraîche du dernier degré de son carrosse. Marcelle passait de ses coussins au lit, languissante et voilée. Elle arrivait le soir dans l'ombre, repartait au crépuscule, ne voyant rien et ne voulant pas être vue.

Elle vit passer devant elle, à Moulins, le courrier des postes qui portait les dépêches de Paris à Lyon. Elle pensa qu'il avait une lettre de Cornevin pour les Vertes-Feuilles, et cette lettre où l'avocat parlerait sans doute du jugement et du président, peut-être du rapporteur, rien que cette lettre invisible, cette émanation de Paris qui la précédait, lui donna en passant une commotion électrique dont elle fut malade toute la nuit.

Enfin elle atteignit le terme du voyage. Elle s'était arrangée de façon à traverser la ville de Feurs pendant la nuit, pour n'y rencontrer personne et n'être point aperçue. Les postillons la servirent bien. Il était deux heures du matin lorsqu'elle put voir dans la brume violacée la maison de Médard de la Maratière endormie et sombre comme toute la ville. Les chevaux ne firent point au relai leur halte accoutumée et poussèrent d'une haleine jusqu'aux Vertes-Feuilles.

Avant de tourner le petit coude de la route, après lequel on distinguait le château sous les masses ar-

15.

rondies du parc, Marcelle sentit tout à coup sur ses joues la brise fraîche du Lignon et le parfum connu des oseraies voisines. Ses chiens se mirent à aboyer, réveillés dans le chenil par le bruit de la voiture. En arrivant à l'avenue, le vieux Sulpice descendit pour soulever dans les piquets fourchus la branche de saule qui servait de barrière, et Marcelle pensa involontairement à cette autre avenue dont la barrière était si bien fermée. Ce souvenir la poursuivait donc jusque chez elle.

Au bruit rapproché des roues et des grelots, les chiens firent rage. On entendit appeler d'une fenêtre, des lumières apparurent le long du grand corridor et descendirent dans la cour, dont la grille s'ouvrit pour recevoir la maîtresse qui revenait.

— Madame! c'est madame! criaient les serviteurs avec un étonnement joyeux.

Marcelle, avant d'avoir bien réfléchi à tout ce qui se passait, fut saisie et emportée jusque dans les bras du comte, qui accourait à sa rencontre.

Leur embrassement fut long, et le vieux Gilbert, qui pleurait de joie, put croire que Marcelle pleurait de joie comme lui.

Aussitôt que l'on fut plus calme et que Marcelle eut embrassé son fils avec des transports qui ne laissèrent pas d'étonner et d'inquiéter le comte, tant ils excédaient la mesure de l'amour maternel le plus exagéré, le vieillard, qui suivait d'un œil observateur chaque mouvement de la vicomtesse et souffrait de cette abondance intarissable de larmes qu'il voyait répandre, s'approcha d'elle en lui prenant la main, et lui dit :

— Je ne vous demande pas de nouvelles du procès, ma fille, votre visage atterré, votre douleur, me répondent assez. Nous avons perdu !

Marcelle parut alors sortir d'un rêve.

— Nous avons gagné, murmura-t-elle, je puis vous répondre que nous avons gagné.

Et à ces mots elle s'assit, cachant son visage dans ses mains, à travers lesquelles s'échappaient de nouvelles larmes.

— Gagné ! s'écria Gilbert, et vous pleurez ! Ma pauvre Marcelle, vous m'affligez plus que je ne puis dire. Gagné ! Nous sommes victorieux et vous me l'annoncez avec le ton du désespoir. Il faut que vous souffriez beaucoup ! Répétez-moi que nous sommes sortis vainqueurs de cette épreuve, et parlez gaiement si vous voulez que je vous croie.

— Oui, je le répète, balbutia Marcelle.

— Alors, continua Gilbert en levant les mains au ciel, remercions Dieu et vous ! Quoi ! libres, heureux pour le reste de nos jours! Quelle nouvelle! En vérité, tous les bonheurs nous arrivent à la fois. Nous irons demain tous les deux à l'église, à Feurs. N'est-ce pas, Marcelle? Qui sait si nous n'irons pas tous les trois?

— Comment cela, tous les trois? demanda la vicomtesse.

— Sans doute, ne vous a-t-on pas dit quand vous êtes entrée tout à l'heure que j'attendais quelqu'un, et que ce n'était pas vous.

— Qui donc, monsieur?

— Bertrand, dont j'ai reçu une lettre hier, par laquelle il m'annonce la paix définitive et son retour; Bertrand, qui va revenir pour ne plus nous quitter; en entendant aboyer les chiens, tout à l'heure, au bruit lointain de la voiture, j'ai cru que c'était lui qui nous arrivait.

— Ah! mon Dieu! s'écria Marcelle avec un accent d'effroi qui glaça le vieux Gilbert. Ah! mon Dieu!

Et elle se leva, égarée, comme une femme qui cherche son chemin pour sortir.

— Qu'avez-vous encore, Marcelle, mon enfant? Vous me faites mal... Voyons, tout cela n'est pas naturel, vous m'avez trompé, vous me cachez quelque chose. Marcelle, j'avais l'habitude de votre voix, de votre regard, je les comprenais, je ne les comprends plus; vous êtes changée à ce point que je ne retrouve pas ma fille. S'il y a un malheur, et j'en lis un dans votre agitation, dans ce tremblement nerveux qui ne vous a pas quittée, s'il y a un malheur, je vous somme de me le dire en face ; je suis un soldat, Marcelle, et je veux recevoir en face le coup de la mort.

Marcelle courut à la porte, qu'elle ferma d'un geste violent et rapide, puis, revenant au vieillard, dont elle saisit les mains dans les siennes :

— Eh bien, oui! répliqua-t-elle avec véhémence, oui, monsieur, il y a un malheur! un terrible malheur! Cette maison qui nous est rendue, ce père que j'aime, mon fils que j'adore, il faut quitter tout cela; je ne puis me trouver ici en présence de mon mari, je ne supporterais pas sa vue. Tout à l'heure, j'ai failli mourir en regardant son enfant, et puisque Bertrand revient, je ne puis plus rester ici.

— Prenez garde, Marcelle, dit gravement le comte Gilbert, vous vous expliquez mal, sans doute, et vous me laisseriez croire qu'il s'agit de quelque chose qui touche à l'honneur.

— Il n'y a plus d'honneur! s'écria la brave jeune femme; c'est la honte que je rapporte dans la maison, et que je ne laisserai pas s'asseoir lâchement à votre foyer.

En même temps, d'un œil sec, d'une voix entrecoupée de soupirs et altérée par la colère, elle fit au vieillard le récit de ce qui s'était passé. La torture d'un pareil aveu eût mérité l'absolution même à une coupable.

Le vieux Gilbert écoutait silencieux et révolté.

— Vous comprenez, monsieur, acheva Marcelle, que je ne suis plus digne de demeurer sous votre toit. Voilà que j'ai récolté tout ce qui me restait de bonheur à espérer sur la terre, je vous ai serré dans mes bras, j'ai senti battre sur mon cœur le cœur de mon enfant, — je puis partir. Demain, je serai à Montbrison aux pieds de Monseigneur, à qui je demanderai le pardon et un asile, puisqu'il est défendu à une chrétienne de demander la mort; monsieur, je ne serai enfin à ma place que dans un couvent. Ici, depuis que j'y entrai, je n'ai apporté que trouble, déception et misère. J'avais ruiné mon mari en l'épousant. Sans votre délicate bonté, il me prenait en horreur. Que sera-ce maintenant que j'apporte l'infamie ! Au moins, lorsqu'il ne me verra plus, Bertrand sera-t-il moins irrité; ma vue est funeste. Ne me maudissez pas, monsieur, car je vous ai tendrement aimé.

A ces mots elle se courba devant Gilbert et baisa ses genoux.

Le comte éperdu la releva et la serra en sanglotant dans ses bras.

— Vous êtes la plus honnête et la plus respectable des femmes, dit-il, et dans votre innocence vous confondez le malheur avec le crime. Je vous défends de vous affliger ainsi ; je vous défends de dire un mot de plus et de donner cours à ces pensées que j'appellerais impies ; car vous avez non-seulement des devoirs à remplir dans votre famille, mais vous devez encore du bonheur à cette famille dont vous n'avez jamais cessé d'être digne. Le premier de vos devoirs, Marcelle, c'est le silence absolu ; oui, pour votre fils d'abord ; c'est à lui qu'il faut songer. — Et puis vous devez à votre mari la paix et la confiance, sans lesquelles il passera une vie misérable à l'égal d'un criminel. Le monde au milieu duquel nous vivons est ainsi fait, ma fille, que l'homme blessé dans son honneur souffre presque autant que l'homme poursuivi par un remords. Ce secret que vous m'avez loyalement confié mourra entre nous deux. Je dis entre nous deux, car je prétends que vous en veniez à l'oublier vous-même, et je m'inquiéterais, et je vous reprocherais d'en sentir seulement le reflet sur votre front. Que l'idée même de la vengeance ne vienne pas vous troubler. — Oubliez, vous dis-je. Je vous promets que le coupable sera puni par la Providence, et si j'avais vingt ans de moins, je jure que je ne daignerais même pas demander compte à ce scélérat. Dieu punit plus et mieux que les plus jaloux des hommes ne sauraient faire. Vous m'avez donc bien compris, ma fille. Ni Bertrand, ni l'archevêque, ni personne au monde n'apprendra, ne soupçonnera votre malheur. Cela n'est pas, cela n'a jamais été. Vous êtes une femme qu'on a lâchement abusée, envers qui on n'a pas même le prétexte d'un service rendu, car votre cause était tellement sûre qu'il a fallu l'artifice d'un démon pour vous intimider sur le résultat. Vous avez gagné le procès parce que votre droit était incontestable; et, quant à moi, vous me connaissez assez pour croire que je n'achèterais pas ma fortune au prix d'une transaction avec la conscience. Je suis tranquille, vous voyez, et me crois bien chez moi, aux Vertes-Feuilles. Que reste-t-il donc de tout cela, un malheur? — Non, un rêve dont vous voilà réveillée; c'est-à-dire rien, vous entendez, rien absolument; et que ce soit le dernier mot échangé là-dessus entre nous. Embrassez-moi, ma fille.

Il attira à lui la pauvre femme, que cette logique vigoureuse et cette générosité vivifiante avaient encore mal rétablie dans sa raison et dans son droit de vivre.

Elle, défaillait, épuisée par huit jours de combats et d'agonie. Le comte appela ses femmes et la fit mettre au lit comme une enfant. Il ne la laissa que tard, après l'avoir fait parler haut et librement devant tout le monde du voyage, de Paris, du procès, et alors elle succomba à la fatigue, à la contrainte, elle s'endormit profondément. Ce sommeil de plomb dura dix heures. Marcelle s'y abîma, livide et immobile comme une morte. Et le vieillard, qui craignait même une trahison de cette âme troublée, revint s'asseoir, feignant de lire, mais absorbé lui-même, à son chevet, pour que nul n'entendît ce qui pourrait s'échapper de ses lèvres.

L'enfant avait été emmené à l'autre bout du château, dans la crainte que ses cris ou ses jeux ne réveillassent la mère. Dans ce long silence de la journée, le vieux Gilbert s'apaisa et se réconforta lui-même. Toutes les bonnes paroles que son cœur plein de compassion avait dites à Marcelle, il réussit à se les persuader. Le bien emportait le mal. Évidemment, l'épreuve était terminée, tout lui en répondait : l'énergique honnêteté de Marcelle, l'éloignement, le temps, la honte et l'intérêt même du coupable, enfin, le secret impénétrable à tous, et le comte fortifié se répétait :

15.

— Rien, pas même un rêve.

Vers trois heures de l'après-midi, le piéton de Feurs apporta les lettres au château. Il y en avait deux : l'une de Paris, et qui avait fait le détour de Montbrison, un jour de retard, était de Cornevin, reconnaissable à sa large écriture, gonflée encore par le triomphe. Elle annonçait le succès avec une modestie lyrique bien pardonnable à l'excellent avocat qui y avait tant contribué.

Cornevin commençait par le détail des péripéties de l'audience et l'éloge généreux de la plaidoirie de Mᵉ Polverel, son jeune adversaire : il glissait sur son propre panégyrique, énumérait quelques-uns de ses meilleurs arguments, de ceux qui avaient décidé la victoire. Il consacrait une ou deux lignes au rapporteur, allié imprévu qui n'avait pas été inutile, et enfin il transcrivait le texte triomphant du jugement.

Cela fait, il concluait ainsi :

« Voilà, monsieur le capitaine et très-honoré ami, une belle journée, glorieuse et douce : jamais je n'en avais rencontré de pareille dans le cours d'une vie qui m'a valu, j'ose le dire, quelque estime et un peu de renommée. Je prétends que ce succès, au souvenir duquel mes yeux se mouillent malgré moi, soit le couronnement de ma carrière et le dernier de mes succès. Le triomphe d'une cause juste mais disputée, le salut d'un citoyen, d'un ami, la joie de sa famille et l'applaudissement du public, voilà l'oreiller sur lequel je veux me reposer désormais, et j'aurai l'honneur de vous envoyer, aussitôt que l'imprimeur me la livrera, ma plaidoirie, avec cette épigraphe :

Hic victor cestus, artemque repono.

« Celui qui se dit respectueusement, monsieur le capitaine, votre affectionné serviteur et ami,

« CORNEVIN,
« Ex-avocat au Parlement de Paris. »

Suivaient des louanges à Marcelle sur sa vaillante coopération, les plus amicales questions sur sa santé et sur son arrivée, et la promesse d'entreprendre, aussitôt après les affaires réglées, une série de voyages considérables; à Dieppe d'abord, pour voir la mer, afin d'en pouvoir parler; puis, plus tard, aux Vertes-Feuilles, pour embrasser une fois son ami le marin, avant de mourir.

Cette lettre, qui respirait la sécurité la plus complète, confirma M. de la Blinais dans les dispositions où elle l'avait trouvé. Elle élargit devant lui l'horizon et développa l'air respirable.

Marcelle dormait toujours, il lui sourit avec tendresse. La seconde lettre venait de Feurs. Le comte l'ouvrit machinalement, distrait encore par la joie que lui avait causée la première.

Une écriture hardie, inconnue, pas de signature; Gilbert y lut : « Madame, » et, précipitamment recourant à la suscription, s'aperçut qu'elle portait le nom de la vicomtesse. Un secret aimant l'attirait, il continua de lire :

« Madame, vous avez gagné votre procès, mais on ne sait pas assez comment vous l'avez gagné. Quelqu'un qui arrive de Paris se réserve d'apprendre à votre mari toutes les obligations qu'il vous a. »

Le comte Gilbert pâlit et étouffa un cri de fureur. Il ne fut pas longtemps à chercher de quelle maison à Feurs pouvait venir cette menace ignoble. Son vieux sang s'émut dans ses veines. Il quitta la chambre de Marcelle et fit quelques tours dans le parc pour se refroidir et arrêter sa résolution.

La nuit approchait : le vieux seigneur fit conduire en secret à une porte des champs son carrosse, où il jeta une épée, et sortit, après avoir défendu qu'on éveillât la vicomtesse.

XXIV

Le chevalier de l'Estrigny, bien qu'il ne se fût pas pressé en route, gagna cependant douze heures sur Marcelle et arriva chez son cousin Médard au moment où celui-ci, accompagné de son laquais, revenait de la messe de midi.

Médard poussa un cri de joie en apercevant le personnage qui présidait à ses destins. Joseph ordonna qu'on mît des draps blancs, bien bassinés, à son lit, le lit de Médard, et qu'on écorchât un poulet pour lui faire du bouillon. Il enjoignit ensuite au valet, sous peine d'être écorché lui-même, de cacher son arrivée jusqu'au lendemain; tous préliminaires qui, joints à un certain air grave et préoccupé, parurent inquiétants et longs à Médard affamé de nouvelles.

Aussitôt que Joseph fut réchauffé dans les couvertures, il admit son cousin aux honneurs de la ruelle, et Médard, voyant le visage du chevalier refleurir sous l'influence du bien-être et du repos, jugea le moment favorable pour hasarder une question. L'Estrigny-le prévint.

— Qu'avons-nous de nouveau ici? dit-il.

— On prétend, répliqua Médard, qu'une chaise est arrivée cette nuit aux Vertes-Feuilles, et que c'est...

— C'est la vicomtesse, je le sais ; elle a dix heures d'avance sur moi. Ensuite?

— Ensuite, ce vieux Gilbert est toujours furieux contre nous, car j'entretiens contre lui une ligue de certains notables de la ville...

— Ensuite, ensuite?

— On parle du prochain retour du vicomte Bertrand.

— Ah! on en parle, dit l'Estrigny. En effet, la paix faite, il pourrait bien revenir. Eh bien, commençons tout de suite, cela avancera les affaires, ajouta-t-il d'un ton singulier, en forme de monologue.

Médard crut encore une fois tenir l'occasion de questionner à son tour.

— Quelles affaires? dit-il timidement.

L'Estrigny, pensif et presque sombre, ne répondit rien.

Médard allait réitérer sa demande.

— De l'encre, une feuille de papier, cousin Médard.

— Vous voulez écrire?

— Apparemment.

Médard apporta lui-même une sorte de pupitre au chevalier, qui se mit sur son séant.

Il écrivit trois lignes soigneusement méditées. Sa plume creusait comme un sillon chaque caractère.

Il lut, relut et médita encore. Puis, continuant son soliloque :

— Après tout, il n'y a qu'elle qui puisse comprendre, murmura-t-il.

Et il plia, cacheta et écrivit l'adresse : *A Madame la vicomtesse de la Blinais, aux Vertes-Feuilles.*

— Vous avez une poste ici, dans votre trou de ville?

— Certainement, cousin Joseph!

— A quelle heure part-elle?

— Le piéton part à deux heures, après l'arrivée de la poste provinciale.

— Nous n'avons pas de temps à perdre, je crois : vois à ma montre.

— Une heure et demie, dit Médard.

— Va toi-même déposer cette lettre dans la boîte.

Médard, ayant lu l'adresse, se récria :

— Aux Vertes-Feuilles !

— Va vite, et reviens pour que nous causions. Mon bouillon, n'est-ce pas ?

Médard partit comme un trait d'arbalète.

L'Estrigny, demeuré seul, récapitula ainsi les éventualités :

— Elle aura l'avertissement ce soir ; elle écrira demain au jeune homme pour qu'il la tire d'embarras. Six jours ! le jeune homme répondra..., six jours, qui font douze. En faisant la part de l'imprévu, c'est une quinzaine. Que ferai-je ici, bon Dieu, une quinzaine !

Son visage s'éclaira peu à peu d'une hilarité sinistre.

— Bah !... une femme inquiète ou furieuse ne sait pas rester quinze jours tranquille. Elle perd la tête et fait quelque faux mouvement. Celle-là n'est encore qu'une provinciale qui n'aura pas la force d'attendre, immobile, la réponse de Maurice. Nous aurons donc du nouveau ici avant qu'il soit longtemps Cela me distraira.

Le petit laquais lui apporta un premier bouillon, qu'il savoura lentement.

— Après tout, continua-t-il, quand je m'ennuierais un peu! il faut savoir sacrifier quelque chose à sa tranquillité. J'ai pris la bonne ligne sur l'échiquier. D'ici je surveille les Vertes-Feuilles, et si notre jeune rapporteur piaffe ou rue un peu trop fort, je suis à l'abri des éclaboussures.

— Si tu te sauvais, toi! dit-il tout à coup au laquais en lui jetant sa tasse à la tête.

Médard rentrait; il gronda fort son valet et vint s'asseoir au chevet du cousin.

— Mon cher Joseph, lui dit-il, on sait déjà votre arrivée à Feurs.

— Que le diable emporte ces imbéciles!

— Et l'on m'a déjà questionné.

— Sur quoi?

— Mais sur notre grande affaire, sur le procès.

— Il est perdu, répliqua froidement l'Estrigny.

— Perdu! s'écria Médard dont les cheveux se dressèrent. Nous sommes ruinés; alors, nous sommes...

— Nous ne savons pas du tout ce que nous sommes, cousin Médard, et nous verrons cela plus tard. Mais tu as des yeux effrayants, et je te vois disposé à des doléances qui m'empêcheraient de dormir. Je tombe de sommeil. Va-t'en, réveille-moi pour souper; un bon souper, si c'est possible.

Aussitôt il se retourna vers son oreiller, dans lequel il s'ensevelit; un oreiller moins glorieux que celui de maître Cornevin, ce qui ne l'empêcha pas d'y ronfler comme un honnête homme.

Cependant Médard, absourdi, vertigineux, descendait et montait incessamment du premier étage au rez-de-chaussée, sans savoir pourquoi, les mains vides et la tête aussi, et son laquais assis dans le vestibule le contemplait avec admiration pendant cette gymnastique d'écureuil.

Il fallut une heure d'exercice au pauvre Médard pour rétablir l'ordre dans ses esprits vitaux. Il comprit alors que Joseph était bien revenu, que c'était bien lui qui ronflait à faire vibrer l'escalier de bois, et qu'il avait bien réellement prononcé ces mots : Le procès est perdu.

Cette certitude lui causa une violente douleur de tête, une sorte de *delirium tremens*, qui se manifesta par des interpellations véhémentes suivies de coups de pied à l'adresse du laquais contemplateur. Ce dernier, pourchassé de la sorte, se mit alors à grimper l'escalier à son tour et à le redescendre non moins précipitamment qu'avait fait son maître, avec cette seule différence qu'il savait bien pourquoi.

Le souper préparé au milieu de ces tempêtes ne

pouvait manquer de s'en ressentir. Médard pensait beaucoup plus à l'instabilité des fortunes humaines et de la sienne en particulier qu'au choix des mets préférés de son idole. Ce dieu, naguère encore fait des métaux les plus précieux, menaçait de se changer en un plomb vil; et aux idoles de plomb il n'est pas rare que l'on marchande l'encens et l'ambroisie.

Mais il était écrit que le demi-dieu ne souperait pas du tout, et vers quatre heures, au plus fort de son sommeil, il fut secoué dans son lit par Médard qui lui annonçait une visite.

L'Estrigny avait le sang et l'esprit faciles à réveiller. Il commença par s'habiller rapidement.

— Une visite, dit-il, des Vertes-Feuilles? Déjà?

— Je ne crois pas que ce soit des Vertes-Feuilles.

— Quel nom?

— Il n'a pas voulu me le dire.

— Eh! C'est donc un homme?

— J'imagine que vous n'attendiez pas une femme, dit Médard avec humeur.

— Qui sait? Eh bien, cet homme, que veut-il, d'où vient-il, quel est-il?

Médard avait laissé la porte entre-bâillée pendant ce dialogue. On entendit y frapper quelques petits coups du doigt, et elle s'ouvrit tout à fait devant l'étranger qui resta sur le seuil.

— Maurice! s'écria l'Estrigny stupéfait à la vue de cette figure noire encadrée dans la blafarde auréole du flambeau que portait le laquais derrière le visiteur.

On eût été surpris à moins. Maurice en habits de deuil maculés de boue et de poussière; Maurice en bottes dont les éperons étaient engorgés d'écume et de sang, ce visage sérieux et pâle, cet œil profond, ces splendides cheveux noirs collés de sueur; c'était plus qu'une visite, c'était une apparition.

L'Estrigny, si habile qu'il fût, ne put dissimuler une sorte de trouble à l'aspect d'un hôte aussi imprévu.

Il calculait en lui-même le temps et la distance et admirait la prodigieuse diligence qu'avait dû faire ce jeune homme. Maurice, calme et maître de lui, attendait sans qu'on pût lire autre chose qu'une bienveillante politesse sur ses traits et dans son maintien.

— Vous êtes surpris de me voir? dit-il à l'Estrigny.

— Je l'avoue.

— Et vous considérez mes habits de deuil?

— En effet, dit l'Estrigny, qui considérait bien

plutôt le visage de son adversaire... Voilà des pleureuses.

— J'ai eu le malheur de perdre mon frère aîné depuis que je ne vous ai vu, répliqua Maurice. Il est mort à Grenoble, et j'y suis envoyé par mon père pour régler les tristes détails relatifs à cet événement. En suivant la route, car nous suivions, vous et moi, la même route sans nous en douter, j'ai entendu prononcer votre nom par les postillons et appris que vous n'aviez sur moi qu'une avance insignifiante. Forcé de marcher vite, je vous ai rejoint, et ce m'est une satisfaction de vous voir en passant.

L'Estrigny comprit que toutes ces paroles étaient destinées à édifier Médard, dont la curiosité surexcitée ne connaissait plus ni discrétion ni convenances. Joseph congédia sans façon son cousin et offrit un siége à Maurice avec force excuses de n'y avoir pas songé plus tôt.

A peine furent-ils seuls :

— Je vais à Grenoble en effet, dit Maurice, mais ce n'est pas le hasard qui m'a conduit sur vos traces. Vous en serez convaincu tout à l'heure. A propos, depuis combien de temps êtes-vous arrivé?

— Depuis midi.

— Et vous dormiez, je crois. J'ai peur de vous avoir réveillé.

— Je dormais, en effet.

— Vous vous êtes couché en arrivant, Joseph... vous étiez las... vous n'avez encore vu personne ?

— Pas une âme ; je n'appelle pas âmes les deux créatures qui végètent dans ce taudis.

Maurice parut respirer librement.

— Je suis heureux, dit-il, d'arriver presque en même temps que vous. Mon impatience de vous rejoindre était grande. Je viens à vous avec les plus affectueuses dispositions ; je suis sincère, vous le serez comme moi, n'est-ce pas, et nous nous séparerons contents l'un de l'autre, j'en réponds.

L'Estrigny s'inclina.

— Donnez-moi une preuve de votre sincérité à vous, continua le jeune homme. Pourquoi avez-vous quitté Paris avec cette préoccupation ? pourquoi êtes-vous ici ?

— Je voulais voir Médard, mon seul parent, lui apprendre le résultat du procès ; essayer de me consoler avec lui...

— Avec une créature qui n'est pas une âme ? Est-ce là votre franchise, Joseph ? Non ; vous aviez quelque autre dessein.

— Lequel? s'écria l'Estrigny.

— Que sais-je? dit Maurice en attachant sur le chevalier ses regards pénétrants; mais vous ne répondez pas, vous vous défiez de moi. Je vais vous donner l'exemple de la confiance.

— Allons donc! pensa l'Estrigny.

Maurice, se rapprochant avec une familiarité tout amicale :

— Vous m'accusez, n'est-ce pas, de vous avoir fait perdre votre procès?

— Je dois le dire.

— Vous attribuez mon changement d'opinion à des influences difficiles à avouer?

— Je ne précise pas.

— Vous précisiez pourtant l'autre jour, après le jugement, quand vous me parliez de femmes, d'audiences secrètes.

— Le dépit justifie beaucoup de choses, monsieur le conseiller. On a vingt-quatre heures pour maudire ses juges.

— Je ne veux pas que vous maudissiez le vôtre. Et si, en effet, j'ai subi quelque influence, tout honorable qu'elle puisse être; si j'ai changé d'opinion à votre préjudice, je prétends que vous en soyez indemnisé. Nous avons été amis; nous le sommes encore. Une fois le mot amitié prononcé entre nous, ma conscience cesse d'être libre; je me reproche un tort fait à mon ami, et je veux le réparer.

L'Estrigny, contenant sa joie :

— Comment serait-ce possible? dit-il. Ce qui est fait est fait.

— Tout est possible entre gens de cœur, mon cher Joseph. Aidez-moi, je vous aiderai. Vous allez voir combien cela est facile. Supposons un moment que ce procès n'ait pas eu lieu et que vous ayez transigé avec vos adversaires, de quelle somme eussiez-vous été satisfait? deux cent mille livres, si j'ai bonne mémoire.

— Mais oui.

— A ce moment vous aviez l'intention, m'avez-vous dit encore, de placer la somme pour vous assurer un revenu honnête dont vous eussiez vécu paisiblement hors de France. Me trompé-je sur ce point?

— Nullement. Mais....

— Laissez-moi achever. Rétablissons les choses sur le premier pied. Vous avez transigé. Les deux cent mille livres sont placées dans une maison sûre. Vous en touchez le revenu, dont voici les cinq premières années d'avance.

En parlant ainsi, Maurice tira de son portefeuille

un billet de cinquante mille livres à vue sur la caisse des Fermes.

— Faut-il qu'il ait peur! pensa l'Estrigny.

Maurice, comme s'il répondait à cette basse pensée :

— Vous verrez dans cette action, mon cher Joseph, dit-il avec un regard lumineux et fier comme celui de l'aigle, vous verrez une réparation que je fais à un ami, et une satisfaction que je donne à mon honneur. En réalité, Joseph, je suis coupable d'avoir écouté des sympathies qui parlaient plus haut que le devoir. Oui, j'ai été influencé, pardonnez-le-moi ; je n'ai pas voulu laisser ruiner une famille digne d'intérêt : je l'ai favorisée, mais il me semble qu'en rétablissant l'équilibre à mes dépens je dégage ma conscience. N'est-ce pas aussi votre opinion? Si le malheur voulait que vous crussiez autre chose, c'est-à-dire qu'il restât dans votre esprit un soupçon, une tache sur l'honneur et la probité d'une femme innocente, vous me le diriez, n'est-ce pas, vous me diriez surtout que vous êtes un galant homme incapable d'une calomnie, incapable même d'une légèreté ; vous avoueriez que vous conservez un ressentiment, une idée de vengeance ; vous n'accepteriez pas la démarche que je fais si loyalement...

L'Estrigny l'interrompit.

— A quoi allez-vous penser là? s'écria-t-il avec une effusion hypocrite; mais vous me comblez, vous êtes un phénix ressuscité; si je connaissais votre pareille, j'irais la chercher au bout du monde.

— Soyez sérieux, de grâce, mon cher Joseph, dit Maurice, je suis un homme malheureux, j'ai besoin qu'on me ménage, qu'on me guérisse, je doute encore, persuadez-moi.

— De quoi, cher Maurice?

— De votre sincérité, de votre affection; tenez, voici le contrat de votre rente de dix mille livres à partir de la cinquième année. Les dépens auxquels vous êtes condamné, je m'en charge; vous acceptez, n'est-ce pas? vous me faites ce plaisir?

— Il le faut bien, dit l'Estrigny en lui pressant les mains après avoir serré le billet de caisse et le contrat dans sa poche.

— Vous consentez à vous désister de tout appel, de toute revendication ultérieure sur les Vertes-Feuilles?

L'Estrigny allait hésiter, l'œil soupçonneux de Maurice l'épiait.

— Je me désiste, répondit-il.

— Vous avez donc cette déclaration à me signer, continua le jeune homme en lui offrant une formule toute préparée.

L'Estrigny signa.

— Maintenant je puis vous appeler mon ami, dit Maurice avec joie, et votre accueil met du baume sur mes blessures. Voyons, mon ami, pourquoi vous êtes-vous enfui si vite de Paris pour venir ici?

L'Estrigny, surpris de voir Maurice revenir sur cette question déjà éludée, essaya de le dépister encore.

— Vous m'avez regagné le cœur, dit-il, je n'ai plus à le fermer pour vous, je vais être plus sincère peut-être que vous ne le voudriez. Je me suis enfui de Paris parce que vous y aviez le bras trop long pour moi, et que, après ma petite explosion de dépit le jour de l'audience, j'ai craint votre ressentiment. Il y avait là, près de vous, certain lieutenant de police, votre ami, que vous guettiez de l'œil, et le Palais est si près de la Bastille...

— M'avez-vous cru capable d'une pareille infamie? murmura Maurice rougissant à ce souvenir.

— Vous, non; mais la colère... Eh! eh!...

— Vous devez, aujourd'hui, vous repentir d'avoir eu cette opinion.

— Je la déteste.

— Que je suis heureux! Voilà une partie de ma faute réparée. Ne vous faites pas de scrupule, Joseph, d'accepter cette restitution; c'est ma part de l'héritage maternel; je l'offre avec une joie... Que ne donnerais-je pas! Hélas! désormais je ne suis que trop riche... Mon cher Joseph, vous reviendrez me voir à Paris, n'est-ce pas? nous y vivrons en bons amis. Je vous demanderai encore un petit sacrifice: ne restez pas ici, à Feurs, dans le voisinage de vos anciens adversaires; pas de contact, de récriminations; mettez-y cette délicatesse dont je vous saurai gré. Êtes-vous homme à m'accompagner à Grenoble? Je vous ramènerais à Paris, avec moi, cher Joseph!...

En parlant ainsi avec cette volubilité qui débordait d'un cœur trop longtemps comprimé, Maurice ne remarquait pas l'oblique regard et le faux sourire du chevalier. Il se laissait aller au ravissement d'être soulagé d'une appréhension terrible, il était radieux et respectable dans son bonheur.

— Viens à Grenoble, reprit-il, nous causerons bien en route. Tu étais un cher compagnon pour moi, je te disais tout : jamais on ne peut te mentir à toi, si fin et si clairvoyant. Est-ce que vraiment tu m'as cru amoureux de cette dame de la Blinais? Non, tu voulais me tourmenter un peu. C'est une femme vraiment honorable, pieuse; oh! ce n'est pas une femme! Comment est-il possible que tu te sois figuré ces folies? Je te jure, vois-tu, que jamais je n'y ai pensé.

L'Estrigny répondait par des protestations.

— Dis-moi, reprit Maurice, plus pressant et plus caressant à la fois, tu n'as parlé de cela à personne, n'est-ce pas?... à ton cousin, par exemple?

— Jamais !

— Jamais une allusion, un mot équivoque? Tu me le dirais pour que je répare...

— Sois donc tranquille.

— Ainsi, rien du passé, rien à l'avenir? tu m'en donnes ta parole d'honnête homme et d'ami ?

— Je te la donne !

— Sois donc béni pour le bien que tu me fais !

Maurice, transporté, allait serrer dans ses bras un ami si précieux, lorsqu'un grand bruit de voix émues monta par l'escalier jusqu'à leur chambre. Ces voix, quittant le ton d'une discussion animée, s'élevèrent soudain à l'éclat d'une violente querelle. On entendit des pas précipités dans l'escalier, et Médard, hurlant au secours, fit irruption chez son cousin, derrière lequel il se réfugia.

— Qu'y a-t-il? demanda l'Estrigny.

— C'est M. de la Blinais qui veut m'égorger! cria Médard.

— M. de la Blinais! murmura Maurice en se rangeant avec saisissement.

— M. de la Blinais! dit vivement l'Estrigny, qui comprit le danger, et il courut vers la porte; mais il était trop tard; le vieux Gilbert arrivait la canne levée, tremblant de fureur et cherchant sa proie.

— Oui, dit le comte Gilbert d'une voix haletante, c'est moi qui viens savoir quel est le lâche auteur de cette lettre adressée à une femme et qui vient de tomber en mes mains aux Vertes-Feuilles.

— Ce n'est pas moi, monsieur le comte, je jure que ce n'est pas moi! s'écriait Médard à l'abri de son champion.

— Qui donc, alors? demanda le vieillard interrogeant autour de lui.

Et sa main agitait le papier infâme que Maurice dévorait de ses yeux étincelants.

— Dites-lui donc, cousin Joseph, bégaya Médard, que je ne sais pas même ce que vous m'avez fait tantôt mettre à la poste.

— Ah! c'est vous! dit Gilbert à l'Estrigny, qu'il reconnut.

— Voilà un vieux fou qui va tout gâter, pensa Joseph, et; reprenant l'offensive :

— Monsieur, je ne comprends pas un mot à tout ce bruit, dit-il, mais c'est du bruit que vous faites, et vous n'êtes pas chez vous. Vous me voyez en affaire avec monsieur,— il montrait Maurice;—chacun son tour, je suis à vous dans un moment. Oh! je ne m'enfuirai pas, soyez tranquille.

— A présent, je sais à qui parler, j'attendrai, répliqua fièrement le comte, que l'Estrigny poussait peu à peu dehors; mais ne me faites pas trop attendre.

Il sortit. L'Estrigny ferma la porte et revint à Maurice en haussant les épaules et en ricanant avec une affectation d'aisance qui disparut au seul aspect de son interlocuteur.

Ce n'était plus, en effet, le Maurice épanoui qui, l'instant d'avant, lui ouvrait les bras; ce visage d'ami s'était changé en un masque blémissant, inexorable, sur lequel tranchaient deux noirs sourcils froncés. Le rire effronté de l'Estrigny se glaça sur ses lèvres.

— Qu'est-ce que c'est que cette lettre? demanda brièvement Maurice.

— Le sais-je!

— Une lettre de vous, que votre cousin a mise à la poste tantôt pour les Vertes-Feuilles, ajouta le jeune homme, hachant comme à coups de couteau chaque tronçon de phrase.

— Ce la Blinais est fou!

— Vous avez écrit aux Vertes-Feuilles, à madame de la Blinais. Qu'avez-vous écrit?

— Mon cher Maurice...

— Qu'avez-vous écrit? répéta le jeune homme d'une voix menaçante; vous ne voulez pas me le dire, je vais le demander au comte.

A ces mots il courut vers le palier; l'Estrigny se jeta entre la porte et lui pour l'empêcher de sortir.

— Ah! vous voyez bien, dit sourdement Maurice, vous voyez bien que vous m'avez menti tout à l'heure!...

— Je vous atteste...

— Tout à l'heure vous m'avez trompé, quand je vous priais, quand je vous conjurais... Ah! misérable! à peine arrivé, il se jette sur une femme isolée, qui ne peut se défendre, et voilà sa lettre, sa lettre infâme aux mains du père... c'est-à-dire du mari!...

— Voyons, Maurice, du calme...

— Oh! comme j'ai deviné pourquoi tu venais te cacher ici! tu t'es dit: A Paris, si je bouge, il est là, il la défendra. Tu sentais bien que pour elle, pour son repos et son honneur, je suis capable de tout! Mais il te fallait ton otage, ta victime que tu fais crier pour me faire accourir; il te fallait ta spéculation ignoble, sur elle d'abord, ensuite sur moi, va! je te comprends maintenant! Eh bien! touches-y à cette femme, essaye de dire un mot, de faire un geste, d'avoir une pensée contre elle, et fusses-tu au bout du monde, fusses-tu caché dans les entrailles de la terre, je t'en ferai arracher, je te ferai étouffer dans un cachot, je te ferai pourrir à un gibet!

L'Estrigny devint livide à son tour, de crainte autant que de colère.

— Seulement, nous ne sommes pas à Paris, dit-il, les dents serrées, avec un venimeux sourire; nous sommes à Feurs où, je vois que j'ai bien fait de me réfugier; je suis à un jour de la frontière, c'est-à-dire en Suisse, en Hollande, à Londres, où l'on pense tout haut, où l'on parle plus haut encore!

— Lâche!

— Où l'on n'est ni arrêté, ni emprisonné, ni pendu pour dire qu'il y a de jeunes conseillers qui vendent la justice et des vicomtesses honnêtes qui l'achètent; je le dirai, je le crierai, je l'imprimerai si je veux, et tant pis pour ceux qu'on reconnaîtra!

Maurice essuya son front douloureux comme s'il en eût exprimé du sang.

— Tenez, continua l'Estrigny, qui le crut dompté, écoutez un conseil: partez vite au lieu d'irriter maladroitement un homme que vous avez intérêt à ménager. Allez! et pas de bruit, c'est ce qui vous reste de mieux à faire.

— Vous vous trompez, dit Maurice transformé encore une fois, j'ai mieux que cela. Moi parti, vous continueriez votre spéculation. Mon argent dévoré, il vous en faudrait d'autre; si ce n'est demain, ce sera dans un mois, dans un an. Eh bien! il me reste une chance de m'affranchir.

— Bah! répondit l'Estrigny cyniquement, laquelle?

— Je viens de me consulter, j'ai fait le sacrifice de ma vie. Prenez votre épée qui est pendue au mur!

En parlant ainsi, avec une sombre résolution, Maurice boutonnait sa redingote et mit l'épée à la main.

— Un duel! s'écria l'Estrigny; un duel à moi!... Comment! pour un ou deux malheureux bourgeois estropiés de mon fait et qui sont morts de peur, on m'a pendu en effigie et j'ai passé dix ans de ma jeunesse parmi les sauvages, et je tuerais un conseiller, un fils de président! Mais je serais roué en personne naturelle, et je ne toucherais plus ma rente... Ah bien oui, un duel! jamais!

— Tirez l'épée, dit Maurice.

— Mon petit ami, je vais vous envoyer à M. votre père dans une caisse bien matelassée, sur laquelle j'écrirai : *Fragile*.

— Tirez l'épée, ou je vous tue! répéta Maurice, qui

marcha furieusement sur son adversaire la pointe aux yeux.

L'Estrigny para du bras, saisit le fer d'une main, tandis que de l'autre il tordait le frêle poignet du jeune homme. Maurice, broyé dans cet étau, plia; l'Estrigny lui arracha l'épée en déchirant la chair, et fit voler l'arme derrière lui.

— Maintenant, dit-il, je vais vous enfermer au verrou dans cette chambre, et j'enverrai chercher la garde du bailliage. Vous voulez du scandale, vous en aurez.

Il n'avait pas achevé, que Maurice se ramassant bondit avec un rugissement de tigre sur son ennemi, qu'il harpa de ses ongles à la gorge. Mais Joseph l'en arracha encore et le lança, brisé, au pied du lit.

Maurice, en roulant, avait senti sous sa main l'acier froid de son épée et la ressaisit. Le contact le ressuscita; il revint à la charge, et l'Estrigny, comprenant le sérieux de la situation, n'eut que le temps de dégaîner et de se mettre en garde; mais il était trop tard pour rompre; déjà Maurice, lancé avec l'invincible furie du désespoir, lui avait relevé le bras. L'Estrigny reçut le tiers du fer dans le sein gauche, sa main s'ouvrit, son épée tomba, il vint rouler devant la porte, sans pouvoir se relever, ni pousser un cri.

Au bruit de cette lutte, Médard et le comte Gilbert étaient montés, avaient ouvert : le petit laquais les suivait, effaré. Il virent du palier la chute de l'Estrigny, ils entendirent son dernier soupir.

Au delà de ce corps étendu apparaissait Maurice, effrayant de pâleur et brandissant son arme avec une exaltation frénétique. La dernière menace de l'Estrigny bruissait encore à son oreille, il se croyait déjà entouré de soldats et d'assistants : ces trois têtes oscillant sur le seuil se multipliaient devant ses yeux troubles comme les ondulations d'une foule.

— Oui, s'écria-t-il, c'est moi qui ai tué ce lâche calomniateur; qu'on fasse de moi ce qu'on voudra, je m'appelle Maurice de V***. Je me livre !

La vue du sang avait fait s'évanouir Médard. Le laquais, fou de terreur, s'était enfui. Il ne restait en face de Maurice que le comte Gilbert.

— Ah! c'est vous qui êtes Maurice de V***, murmura le vieillard. Eh bien! ne le dites pas trop haut, de peur qu'en voyant le châtiment de l'homme qui calomnie, on ne pense à châtier aussi l'homme qui déshonore.

Maurice écoutait avec saisissement.

— Mais non, continua Gilbert; cela regarde la Providence. Elle s'est déjà chargée de vous. Voyez vos mains sanglantes. Allez, de crime en crime, d'exécration en exécration. Vous êtes dans le chemin, allez!

— Monsieur, que vous ai-je donc fait?

— Ma fille m'a tout dit! répliqua le comte avec un accent de majesté profonde qui terrassa le malheureux.

Cette révélation tuait en lui sa dernière espérance. Celle qui avait pu dénoncer le crime ne pardonnerait jamais! Et sans le pardon de Marcelle, comment vivre? pourquoi vivre?

La nuit se fit à l'instant dans cette âme, nuit d'abîme et de pâles éclairs. Maurice égaré, tremblant, courba son front, et ses bras retombèrent morts.

Gilbert en eut pitié malgré lui, il l'aida à franchir le cadavre et le conduisit à ses gens qui le cherchaient. Ceux-ci le placèrent sur son cheval et l'emmenèrent avant que les hommes de police et les curieux avertis par le petit laquais fussent arrivés au domicile de Médard.

XXV

Le comte Gilbert ne put rentrer que tard aux Vertes-Feuilles. La visite domiciliaire, les interrogatoires et la première instruction, faits par un officier de la sénéchaussée, prirent un assez long temps pendant lequel Gilbert se dévorait d'impatience; il tremblait que Marcelle réveillée ne le cherchât et ne vînt à découvrir quelque chose.

Il s'était promis d'abord de lui taire l'événement, de la séquestrer de façon à empêcher tout bruit d'en arriver jusqu'à elle, mais il reconnut bientôt l'impossibilité d'obtenir ce résultat. Lorsqu'il revint, il trouva Marcelle dans sa chambre, à ui, Gilbert; elle était ensevelie dans son grand fauteuil, comme une garde vigilante, et l'attendait avec des yeux brillants de fièvre et de résolution. Elle l'interrogea sur ce départ précipité, sur cette absence étrange, scrutant avec un soin minutieux chaque détail de son visage troublé, de ses habits en désordre. Elle savait déjà par Tiennotte qu'une lettre à son adresse était venue aux Vertes-Feuilles pendant son sommeil, que cette lettre avait été remise au comte, dont le départ pour Feurs avait immédiatement suivi. Elle avait senti depuis quatre heures des frissons inexplicables, une agitation nerveuse qui semblait la pousser dehors.

Gilbert réfléchit aussitôt que l'événement n'était pas de ceux qu'on peut cacher longtemps, et que le premier venu le révélerait tôt ou tard à Marcelle. Toute la déposition de Médard roulait sur cette lettre, mise par lui à la poste, pour obéir à l'Estrigny; l'affaire ne pouvait manquer d'avoir des suites. Marcelle serait peut-être elle-même interrogée par la justice; ne se trahirait-elle pas en répondant sans préparation? Gilbert n'hésita plus, c'était la dernière convulsion de ce secret, de ce serpent, dont la tête était maintenant bien écrasée.

Il avoua donc tout à la vicomtesse : la lettre de l'Estrigny, l'arrivée de Maurice, le contrat de rente avec le bon de cinquante mille livres, ils avaient été trouvés sur le mort, enfin la catastrophe provoquée par sa révélation à lui, la Blinais. Tout dire était d'abord d'un honnête homme, c'était aussi d'un père prudent.

Marcelle l'écouta, blanche et muette. Elle reconstruisait chaque lacune avec ses souvenirs et ses intuitions. Ce qu'elle avait senti toute la soirée, alors que sa poitrine brûlait et que ses cheveux se roidissaient douloureusement sur son front, c'était donc la présence de ce Maurice à quelques toises d'elle, elle frémit, en se tordant silencieusement les mains.

— Vous savez tout, et vous êtes à jamais délivrée de tout, ma chère fille, conclut le vieux Gilbert. Satisfait de vous et las des autres, Dieu a décidé la fin de vos épreuves. Vivez, respirez, et, je le répète, oubliez! nul désormais ne peut toucher à votre repos, ni à celui de votre famille.

Elle demanda ce qu'il y avait dans cette lettre de l'Estrigny; le comte répondit, et c'était vrai, qu'il s'était hâté de la détruire; puis, soulevant Marcelle dans ses bras, il l'invita à rentrer chez elle, car il se faisait tard.

Elle était froide et touchante à voir dans sa fixité morne.

— Ainsi, dit-elle bas au comte, *il* avait apporté cette somme et ce contrat pour indemniser l'Estrigny sur sa propre fortune?

— Oui, répliqua Gilbert, et la somme eût dépassé le prix des Vertes-Feuilles pour peu que ce l'Estrigny eût vécu ce qu'il devait vivre.

— Et que lui arrivera-t-il pour s'être battu et avoir tué un homme? ajouta-t-elle en faisant un effort pour regarder Gilbert au visage.

— Rien, quant à présent, ma fille, car il est puissant sur la terre, et riche, et à l'abri de tout châtiment. Il retournera chez son père, dans ce Paris qui absorbe tout, et où peut-être on le félicitera : tout sera dit. Mais c'est là-haut qu'il rendra compte de ses crimes; et, je le lui ai déclaré à lui-même, je l'appelle au tribunal de Dieu.

Marcelle ne répondit rien et baissa la tête. A partir de ce moment un petit tremblement la prit et ne la quitta plus. Gilbert, l'ayant baisée au front, la reconduisit chez elle.

XXVI

Quelques jours après, Bertrand revenait de Toulon, où sa division avait mouillé au retour de la campagne. Il s'était fait annoncer par Sulpice, dans l'espoir qu'on viendrait peut-être au-devant de lui des Vertes-Feuilles, et qu'il aurait plus tôt des nouvelles de tout ce qui l'intéressait. Car depuis sa dernière lettre dans laquelle il annonçait la fin de l'expédition et son prochain retour, pas un mot ne lui était parvenu, et il pouvait croire tout ce que l'imagination suggère ordinairement de fâcheux aux natures soupçonneuses après les longues absences.

Bertrand ne trouva personne sur son chemin et poussa jusqu'aux Vertes-Feuilles avec la conviction qu'il y avait du mauvais à la maison et que Marcelle n'y était point encore revenue. Sa surprise fut bien agréable lorsqu'en arrivant il aperçut à la porte du parc son père et son petit enfant qui l'attendaient.

Le bonheur se doubla quand, après les avoir embrassés, il apprit le gain du procès et le retour de Marcelle.

Mais Marcelle, pourquoi ne la voyait-il pas, elle si empressée, si soigneuse d'entretenir jusque dans la familiarité les procédés d'une affectueuse politesse?

Le comte Gilbert mit un doigt sur ses lèvres.

— Elle fût venue, elle eût été vous chercher jusqu'à Toulon, dit-il, si je lui eusse fait savoir votre arrivée, mais je m'en suis bien gardé. Marcelle est souffrante, presque alitée; elle a besoin des plus grands ménagements; ce voyage de Paris l'a fatiguée, sans parler des émotions de tout genre qui ont résulté du procès.

Bertrand regardait son père. Gilbert lui montra la lettre de Cornevin, qui renfermait, on le sait, tant d'éloges sur l'activité, l'intelligence de Marcelle, et la part qu'elle avait eue au succès. Bertrand s'en montra touché. Dans son empressement, il voulait courir près de Marcelle; le comte l'arrêta.

— En vérité, monsieur, dit Bertrand, je n'ai pas de chance dans mes retours ici : voilà encore un mystère suspendu sur ma tête; vous me cachez Marcelle, est-elle malade dangereusement?

— On le serait à moins, répondit Gilbert, après l'assaut que nous avons essuyé. On voit bien que vous n'avez point passé par Feurs, vous auriez trouvé la ville encore en révolution.

Alors, tirant le vicomte à part, il lui conta l'événement de la semaine précédente, ou plutôt la vraisemblance de cet événement, car personne, grâce à Dieu, ne pouvait plus raconter la vérité.

— Vous comprenez, ajouta-t-il, que Marcelle en a été cruellement frappée, et je ne voulais pas que vous la vissiez avant de savoir avec quelle prudence il convient d'en parler devant elle.

— Je n'en parlerai pas du tout, s'écria Bertrand ravi de toutes les bonnes nouvelles qu'il apprenait à la fois.

— Ce sera mieux, dit vivement Gilbert; vous arrivez, vous êtes censé ne rien savoir. D'ailleurs, j'attends ce matin même la visite du sénéchal de Saint-Étienne, qui vient me faire signer les derniers procès-verbaux; vous assisterez, vous écouterez et vous apprendrez. Maintenant, allons voir Marcelle, votre arrivée la guérira.

— Allons! dit Bertrand, se frottant les mains.

Le bon Gilbert mentait. Il avait prévenu la jeune femme, elle était préparée, et c'était prudent, car l'émotion de cette présence tant redoutée l'eût tuée sur place.

En voyant son mari lui prodiguer les caresses et les remerciments, elle se ranima peu à peu. Cette famille qui l'adorait et la bénissait, quelle consolation!

L'entrevue fut abrégée par l'arrivée du sénéchal, vieux gentilhomme, qu'on reçut dans la grande salle, et à qui l'on ne put refuser de saluer Marcelle. Il annonça que l'affaire était arrêtée, d'abord parce qu'il résultait de l'instruction et des dépositions que l'Estrigny avait été l'agresseur, ensuite par la nouvelle qu'on avait reçue de l'entrée de M. Maurice de V*** à la Grande-Chartreuse de Grenoble.

— Quoi! s'écria Bertrand, il se ferait chartreux, ce galant homme, pour avoir débarrassé le monde d'un bandit!

— Mon fils, dit sévèrement Gilbert, ce bandit était un homme aussi, et l'homicide est un crime, doublement punissable chez un magistrat.

— Vous êtes bien sévère! répliqua Bertrand.

— Rassurez-vous, monsieur le vicomte, interrompit le sénéchal, la famille et le père de M. Maurice de V*** ne le laisseront pas longtemps aux chartreux.

— Assez sur ce triste sujet, sénéchal, s'écria vivement Gilbert en prenant le bras de cette statue qui représentait Marcelle; un tour de promenade au soleil, s'il vous plaît!

XXVII

Quand la nuée a passé, tout ce qu'elle menaçait se relève rassuré, fortifié même. Il en fut ainsi aux Vertes-Feuilles.

Bertrand trouva meilleure cette fortune qu'il avait failli perdre; il découvrait chaque jour des charmes nouveaux dans le domaine et entassait plans sur plans, combinaisons sur négociations pour convertir son père aux embellissements à la mode. Gilbert tenait bon pour le vieux système, et la vie n'en était pas moins douce, le parc n'en était pas moins beau.

Comme il demeura acquis que le gain du procès avait été obtenu en partie par l'activité, par le zèle de Marcelle, Bertrand ne contesta plus chez sa femme une intelligence à laquelle il était redevable d'un si grand bien. A force de constater l'intelligence sur ce noble visage, il remarqua sa beauté incomparable, et s'aperçut enfin qu'il possédait depuis longtemps un trésor auquel il n'avait jamais pris garde. Il eût mieux valu pour tout le monde que Bertrand eût vu clair plus tôt.

Marcelle, qui n'avait jamais fait beaucoup de bruit dans la maison, même aux jours de sa sérénité, continua d'être pour les indifférents ce qu'on l'avait toujours vue, timide et silencieuse. Son petit Gilbert l'occupait avec tant de passion, son beau-père l'accaparait si exclusivement, que le monde la trouvait peu, Bertrand pas beaucoup plus que le monde, ce dont il se plaignit d'abord; mais le comte Gilbert le dédommagea en lui accordant un peu plus d'autorité sur les terrassiers des Vertes-Feuilles. Il consentit même à changer la pièce d'eau en rivière anglaise, et alors Marcelle fut considérablement négligée au profit des deux Gilbert, l'ancien et le nouveau, qu'on eût pu appeler à bon droit le superbe.

Bertrand, usurpateur par nature, élargit le cercle de ses relations dans la province. La réserve un peu triste de Marcelle l'isolait trop à son gré. Il appela au château les partisans des idées modernes, tint çà et là des assemblées pour lesquelles il fit des discours sur l'association et la fraternité. Américain de plus en plus, et la vie américaine a du bon, il fit aimer certains de ses principes en tenant table après de grandes chasses que suivaient avec empressement les voisins qui n'avaient jamais été admis à l'hospitalité des Vertes-Feuilles. Cette année-là, justement, l'hiver fut rigoureux et les bois pleins de neige. Il descendit beaucoup de loups des montagnes, et la Loire gelée s'emplit de canards et de cygnes sauvages qu'on fusillait abondamment dans les marécages da Lignon.

La politique du comte Gilbert avait peu à peu pacifié toutes les dissidences entretenues dans Feurs et aux environs, au moment du procès. La conciliation est aisée aux vainqueurs, et on leur en sait gré. Médard lui-même demanda et obtint l'amnistie. Il la demanda le premier de tous avec tant de candeur et de protestations de repentir, qu'il ne fut pas seulement admis, mais attiré. On reprit aux Vertes-Feuilles l'habitude de voir sa figure placide tourner dans les parterres et escorter chaque promenade. Médard, d'ailleurs, objectait à ceux qui lui reprochaient sa défection momentanée, qu'elle lui avait été imposée par le terrible cousin; et ce cousin, comme il l'immolait! Quelle oraison funèbre! quelle pauvre messe il lui avait fait dire, cette fois, et sans musique!

Ce n'était pas qu'il ne fût son héritier. Il avait produit le testament fait en sa faveur par l'Estrigny; il avait prouvé ses droits; mais sur quoi? Les cinquante mille livres recueillies sur le défunt, la justice les avait mises sous séquestre en attendant plus amples informations; et si la justice devait rendre, il était probable que ce serait à la famille de V***. Le contrat de rente était viager et personnel à l'Estrigny, c'est-à-dire annulé par sa mort. Néanmoins Médard, alléché par ce semblant d'apparences, avait consulté pour savoir le moyen d'en faire réalité. On lui conseillait des démarches auprès du président de V***,

auprès de Maurice même, et il méditait profondément
sur ces matières; et Bertrand, près duquel son occiput
était rentré en grâce, ne fut pas le moins zélé de ses
protecteurs et le moins actif de ses conseils.

Cinq mois s'étaient écoulés depuis la catastrophe.
L'hiver approchait de sa fin. On commençait mars.
Le vicomte ayant eu l'idée d'une grande battue aux
loups et aux sangliers sur les terres du domaine, —
ce Bertrand ne savait que faire pour faire quelque
chose, — rendez-vous fut pris le premier dimanche;
invitations à la chasse et au dîner. Les gens de la
plaine, ceux du marais, tous les tenanciers du voisinage, deux cents hommes environ pousseraient la
battue depuis la Loire jusqu'au parc, c'est-à-dire
dans une étendue d'une lieue. Tout le monde fut
exact au poste, excepté Médard, qui, huit jours avant,
était parti pour un voyage d'affaires. En ce temps-là,
les traqueurs daignaient fouler consciencieusement le
marais ou le fourré, les tireurs ne fumaient pas et
savaient attendre dans la neige. Le résultat fut magnifique. Aux coups de feu répondaient les cris de
joie. Sept loups et neuf sangliers restèrent sur le
terrain. Le comte Gilbert tua un louveteau de sa fenêtre.

Le soir, pendant que les traqueurs faisaient rôtir
pour eux le plus gros sanglier et défonçaient une

pièce de petit vin, autour d'un immense feu de genêts et de tourbe, dans une clairière voisine, les chasseurs, au château, se mettaient à table affamés et réjouis par l'ordonnance pompeuse d'un festin de province: Marcelle présidait; derrière son fauteuil et devant la cheminée on avait développé l'écran japonais destiné à la préserver d'être brûlée vive. Déjà le premier service avait disparu; on attaquait le second avec une ardeur qui n'admettait pas encore l'éclectisme, lorsque, dans un de ces silences qui traduisent si éloquemment la satisfaction des convives, on entendit tinter la grosse cloche de la porte d'entrée du château. Et quelques instants après une créature fourrée, encoqueluchonnée, dont on entendait de loin les grosses bottes dans la galerie, fit son entrée; c'était Médard, qu'un hourrah bruyant accueillit aussitôt qu'il découvrit son visage.

— Oui, madame et messieurs, c'est moi, dit-il, qui, en passant sur la route pour rentrer à Feurs, ai vu les Vertes-Feuilles si resplendissantes, que j'ai soupçonné un incendie ou un feu de réjouissance; je vois que c'est réjouissance, madame et messieurs.

— Vous l'avez dit, répliqua le comte Gilbert; asseyez-vous là, Médard, et prenez votre part de tout ce qu'il y a de réjouissant ici.

— J'y joindrai bien volontiers ma propre joie, dit Médard, qui, après ses révérences à Marcelle, avait pris place modestement à l'un des bouts de la table, où l'on s'empressa de le servir.

— Comment, votre joie? demanda Bertrand, que vous est-il arrivé et d'où arrivez-vous vous-même?

— De mon grand voyage, répondit mystérieusement Médard.

— Voyons, voyons, interrompit Gilbert, ce brave Médard a encore la cervelle gelée, ses idées sont prises; de quel grand voyage parlez-vous?

— Contez-nous cela? dit la bruyante assemblée, pendant qu'on dressait le troisième service. Médard respira un instant et dit :

— Vous n'ignorez pas, madame et messieurs, tous les tracas que m'a donnés cette affaire de mon héritage et des sommes trouvées sur mon défunt cousin. J'ai voulu savoir à quoi m'en tenir. L'intendant de la famille de V*** se trouvant en ce moment à Grenoble avec le président, qui est venu visiter son fils à la Chartreuse, j'ai pris bravement mon parti, j'ai fait le voyage sans rien dire à personne, et j'ai vu ces messieurs de V***.

— Le père et le fils? s'écria Bertrand.

— L'un et l'autre, madame et messieurs. Oui, le

père et le fils, messieurs et... Il supprima madame, parce qu'à ce moment il ne trouva pas en face de lui le visage de Marcelle, occupée sans doute à donner quelque ordre derrière son fauteuil.

Un grand mouvement de curiosité générale apprit à Médard combien il devenait un narrateur intéressant. Gilbert échangea un rapide regard avec sa belle-fille.

— Eh bien? eh bien? demandait-on de toutes parts.

— Eh bien! j'ai obtenu, comme tout voyageur, de passer une journée à la Chartreuse. Quelle journée! bon Dieu! Le président y occupait une chambre depuis plusieurs jours, dans le même corridor que moi. J'osai l'aborder. Aux premiers mots que je lui touchai de mon affaire il me congédia brusquement. Il a du chagrin, cet homme ; mais alors je fis demander une entrevue à son fils, qui, n'étant pas encore cloîtré, reçoit beaucoup de monde, et, sur mon nom, que j'envoyai, je fus admis aussitôt; j'entrai même dans le premier compartiment de sa cellule. Ah! messieurs! ah! pauvre jeune homme!

Le comte Gilbert rougit, Marcelle devint pâle.

— Après, après, dit Bertrand.

— J'entrai donc... Ah! madame et messieurs, je

transis encore de souvenir. Quinze degrés de froid, jamais de feu, pas un meuble, une planche pour lit, le cimetière sous la fenêtre, le vent hurlant à travers la porte, et ce jeune homme pieds nus !

Je ne l'eusse jamais pu reconnaître dans cette robe grise, amaigri, débile, lui que j'ai vu si hardi et si beau! Cependant il me regardait avec ces mêmes yeux fiers. Je lui contai le sujet de mon voyage, les promesses que m'avaient faites le défunt cousin et la confiscation par la justice des cinquante mille livres, et je lui montrai le testament de Joseph. Il se taisait et me regardait avec une obstination pensive. J'attendais en tremblant sa réponse.

— Monsieur, me dit-il enfin, M. de l'Estrigny a été mon ami avant que nous fussions brouillés par ce procès que j'ai dû lui faire perdre, et c'est en souvenir de cette amitié que, le sachant ruiné, j'allai chez vous lui porter l'argent et la rente comme compensation. Cet argent a été donné par moi librement en toute propriété à votre cousin; il appartient par conséquent à ses héritiers. Si vous êtes son héritier, ces cinquante mille livres sont à vous. Quant à la rente de dix mille livres, je comptais la payer longtemps au chevalier. Sa mort ne me dégage pas, je ne veux pas de cet héritage, et je l'eusse abandonné aux pauvres si vous ne vous fussiez présenté. Vous toucherez donc la rente toute votre vie, monsieur, et priez pour moi.

— Il a dit cela! s'écria Bertrand ou plutôt toute l'assemblée avec un murmure d'admiration, c'est un trait de gentilhomme et de brave homme. Il a dit cela!

— Il a fait plus, messieurs, il l'a écrit. Voici sa déclaration et le contrat refait à mon nom. Voici sa signature et l'acceptation de l'intendant; je n'ai plus qu'à toucher, ajouta Médard attendri en dépliant la cédule, qui aussitôt passa de main en main.

— Vous ne dites rien, monsieur le comte! demanda un voisin enthousiasmé à Gilbert. Comment trouvez-vous cela?

— C'est bien, murmura le vieillard.

— Dites donc que c'est sublime! s'écria Médard; il me donne une fortune, tandis que lui meurt de froid et de faim... oui, de faim!... Qu'on aille voir ces pauvres chartreux à table devant un peu d'herbe cuite, un pot d'eau et un pain noir. Je l'ai vu rompre ce pain de sa main autrefois si délicate et si blanche, — pauvre main gonflée aujourd'hui, et roidie et crevée par le froid et saignante.

Gilbert regarda Marcelle avec inquiétude, elle venait de repousser son assiette pleine. Il se jeta résolûment au feu de la conversation, que ces détails navrants avait passionnée.

— Eh bien, dit-il, ce jeune homme expie courageusement sa faute, c'est juste et c'est honnête ; mais enfin, l'expiation terminée, il va rentrer dans la vie, dans le bonheur.

— Ce devrait être fait depuis longtemps déjà, interrompit Bertrand avec animation. La faute, si faute il y a dans la mort d'un pareil coquin, n'est pas en proportion avec la peine. J'espère bien que le président, à l'heure qu'il est, a ramené son fils à Paris.

Ces mots furent chaleureusement applaudis.

— Voilà ce qui vous trompe, reprit Médard en secouant la tête avec tristesse : Maurice de V*** a refusé de suivre son père.

— C'est impossible ! cria-t-on d'une voix.

— Il a refusé, — je l'affirme, — je l'ai vu ; j'étais avec quelques frères servants à l'extrémité du grand corridor, lorsqu'il est venu reconduire le président, à qui la règle défendait un plus long séjour à la Chartreuse. Ils arrivèrent à la limite que les novices ne peuvent franchir. Ce malheureux père suppliait, lui si dur. Il avait échoué depuis cinq jours. Nous l'entendîmes qui disait au jeune homme : « Je n'ai plus que vous d'enfant, me laisserez-vous mourir seul? sortez, sortez, je vous l'ordonne! enfin, je suis votre père... et il pleurait. — Monsieur, ce n'est pas vous qui pouvez me faire sortir d'ici, répliqua le novice. — Eh bien, mon fils, j'irai à Rome, supplier le saint-père. — Ce n'est pas non plus le saint-père qui peut me faire sortir, murmura l'inflexible enfant. — Y a-t-il donc quelqu'un qui ait ce pouvoir? s'écria M. de V***; dites-moi son nom, pour que j'aille me jeter à ses pieds. » Maurice ne répondit pas, seulement il s'agenouilla pour être béni, et tout le monde pleurait, et le pauvre père fut arraché de là éperdu de douleur, car il voyait bien que rien, maintenant, n'empêchera ce jeune homme de prononcer ses vœux.

Marcelle se leva de table, en s'appuyant de sa main crispée sur le bois de l'écran. Gilbert la vit sortir lentement d'abord, puis traverser à grands pas la galerie.

Le récit de Médard et le dénoûment lugubre de ce drame, qui avait retenti dans toute la province, échauffaient à ce point l'auditoire, exclamations, contradictions, commentaires se croisaient avec tant de bruit et de véhémence, que le départ de Marcelle fut à peine remarqué. C'était, d'ailleurs, le moment du dessert et l'arrivée des liqueurs, qu'elle honorait rarement de sa présence. Les liqueurs même furent oubliées dans le tumulte soulevé par la discussion. Gilbert se garda bien de faire dériver l'attention générale. L'entretien, cependant, prenait une tournure inquiétante.

Au milieu des commentateurs, Bertrand se faisait remarquer par l'énergie de son scepticisme.

— Cette rigueur de M. Maurice de V*** n'est pas naturelle, disait-il. Il faut qu'il y ait quelque chose sous jeu. Je vous le demande, messieurs, en est-il un seul parmi nous qui se fît chartreux *in æternum* pour avoir tué un pareil drôle? Ce n'est pas moi, morbleu !

— Ni moi, répondirent des voix nombreuses.

Les suppositions s'ouvrirent ; c'est pourtant un champ bien vaste, mais il suffit d'un seul mot pour expliquer toute grande résolution chez un homme de vingt ans : l'amour ; et l'assemblée fut unanime à décider que si Maurice persistait dans sa résolution, ce serait uniquement par suite d'un chagrin d'amour.

Gilbert n'aima pas cette conclusion ; toutefois il s'abstint de la combattre. Un intérêt suprême l'appelait hors de cette foule de buveurs lancés dans le punch et le sentiment. Qu'était devenue Marcelle après la bourrasque? Avait-elle besoin d'aide? ne fallait-il pas qu'elle reparût? Tandis que Bertrand discutait la constitution des États-Unis, sujet copieux, le comte s'esquiva et monta retrouver sa fille.

D'abord il ne vit rien dans sa chambre, éclairée seulement par les reflets de l'âtre. Les domestiques, et Tiennotte elle-même, étaient occupés en bas. Gilbert eût pu croire que Marcelle y était aussi restée, lorsqu'il entendit un profond soupir derrière les rideaux de la fenêtre, et, s'approchant, il trouva Marcelle étendue sur sa chaise longue et respirant à peine : elle était froide, insensible; elle ne se ranima qu'au contact de Gilbert, qui se penchait vers elle effrayé.

Mais alors, rappelant ses esprits, elle ouvrit les yeux, et, reconnaissant son beau-père, se redressa et fut sur pied en un moment.

— Souffrez-vous à ce point ? dit-il.

— Monsieur, répondit-elle d'une voix faible, je ne sais comment cela s'est fait ; je me suis sentie énervée, le feu de la cheminée était trop fort peut-être...

— Ce n'est pas la chaleur, ma fille, je ne crois pas, du moins, et, si vous étiez plus confiante envers moi, vous m'avoueriez qu'il y a une autre raison.

Elle se tut, douloureusement agitée, en courbant sa tête alourdie.

— Ah! Marcelle, reprit le comte avec le ton du reproche, vous m'aviez promis d'oublier!...

La jeune femme étouffa un gémissement et répondit :

— C'est vrai, monsieur ; vos paroles, si bonnes alors, sont encore gravées là ; je me les répète incessamment, mais oublier est impossible. Je prie en vain Dieu de m'en faire la grâce, je ne peux pas, je ne peux pas! Je vois bien que vous êtes mécontent, que vous me blâmez, mais la pitié, monsieur, est plus forte que tout!

— Eh bien, dit Gilbert avec un sombre ressentiment, je ne l'admets ni ne l'éprouve, moi, cette pitié étrange pour un criminel qui n'en mérite aucune ; non, aucune. De tous les crimes qui désolent l'humanité, celui-là est le plus odieux, le plus révoltant. Je ne vous l'ai pas dit quand, à votre retour de Paris, je vous ai vue si malheureuse, mais j'aime mieux l'assassin, dont la victime au moins ne souffre plus lorsqu'elle est morte! Quant à celui qui inflige à une créature noble le supplice d'une honte et d'un embarras éternels, celui qui force l'honnête femme à penser incessamment à lui, misérable, et vole ainsi l'honneur et le repos d'une famille jusqu'au sein du foyer, jusqu'aux bras du père et de l'enfant, celui-là est un monstre jamais assez puni, et si je pense à lui quelquefois, c'est avec dégoût, c'est avec horreur !

Marcelle cacha son visage dans ses mains et fondit en larmes.

— Pardonnez-moi, monsieur, murmura-t-elle, je sens que je vous irrite; mais si je me trompe, c'est la faute de mon éducation et de mes habitudes. Tout enfant, ma mère me faisait prier pour ceux qui nous nuisent et nous offensent. On m'apprenait à partager mon pain avec ceux qui ont faim, à vêtir ceux qui ont froid, à pleurer sur les maux de ceux qui souffrent. Je ne puis voir souffrir, monsieur, pardonnez-moi. Cependant, il y a là-bas un malheureux livré à toutes les tortures qui attendriraient même un bourreau. Et lorsque j'ai bien chaud dans ma maison, lorsque je suis assise à une bonne table, avec des fleurs, l'hiver, en face d'amis qui chantent et qui rient, je pense malgré moi, oh! bien malgré moi, à ce pain noir, à ces pieds nus, à ces mains saignantes dont on parlait tout à l'heure. Non, je ne puis supporter cela. Cet homme est un criminel, mais il souffre; cet homme est digne de tous les châtiments, mais il souffre, et c'est lui qui s'est offert à l'expiation ! Pourquoi ne l'ai-je pas laissé mourir lorsqu'il voulait se tuer à mes yeux? c'est que j'ai eu horreur de causer la mort d'un homme. Eh bien, il meurt plus cruellement, il expire cent fois par jour! Pourquoi ne l'ai-je pas laissé se tuer? c'est que je ne me sentais pas le droit ni le courage d'ôter son dernier enfant au père qui ne m'a fait que du bien; et voilà ce père qui va vivre ou plutôt mourir tout seul, loin de cet enfant que je lui ôte. Voilà, monsieur, à quoi je pense, voilà ce que je ne peux pas parvenir à oublier. Et puis, ne me provoque-t-on pas à ce souvenir, ne parle-t-on pas incessamment de cela autour de nous, ne dit-on pas qu'il a assez payé de sa fortune, qu'il a voulu payer de son sang lorsqu'il attaquait un ennemi plus fort que lui? Ne s'étonne-t-on pas de le voir se condamner pour la vie à un pareil supplice? S'il était libre et heureux, on n'en parlerait jamais, je n'y penserais jamais! Qui sait d'ailleurs s'il est aussi coupable que vous le dites? Suis-je sans reproche, moi? Suis-je bien cette femme honnête et pure que vous exaltez? L'honnêteté va-t-elle sans le courage, s'allie-t-elle avec la lâcheté? J'ai été lâche! Ce jour terrible, ce jour d'opprobre éternel, j'ai eu peur, peur de la misère, peur de la responsabilité si je revenais sans avoir réussi, moi qui déjà ai apporté le malheur dans la maison. J'ai eu peur, vous dis-je; et lui, il était généreux, il me laissait libre, la porte était ouverte. Une femme brave et honnête fût partie aux premiers mots qu'il m'adressa; moi, je me suis troublée, je ne me suis pas défendue, je me suis évanouie. Ah! monsieur, le vice ou la passion, c'est le loup qui attend dans les bois et qui vous guette : fuyez, il vous poursuit; tombez, il vous dévore; restez debout et regardez-le en face, c'est lui qui prend la fuite. J'ai été lâche, vous dis-je! Je ne suis pas sans reproche, pourquoi serais-je sans pitié?

Le comte s'était assis dans l'ombre, épouvanté de cette exaltation, remué profondément par cette voix véhémente de l'honneur et de l'humanité, qui, en dépit de lui-même, pénétrait jusqu'au fond de son cœur. Et puis il fallait que Marcelle souffrît beaucoup pour s'exprimer avec tant de hardiesse!

— Ne dites pas tout cela, ma fille, balbutia-t-il; ne vous faites pas mal, je vous en prie; on pourrait venir, d'ailleurs, et nous entendre. Que vous faut-il? comment vous rendre le calme, la raison?

— La raison! ah! monsieur, Dieu lit dans mon âme, il voit si une pensée, une seule s'y agite, qui ne soit digne de lui et digne de vous. J'ai toute ma raison, lumineuse et pure. Je n'ai pas le calme, c'est vrai, et désormais je ne l'aurai plus. Vous me blâmez, donc j'ai tort; je m'incline, je croyais pouvoir sans remords être chrétienne et miséricordieuse.

— Croyez-vous que je vous reproche un sentiment que Dieu commande? dit Gilbert, Dieu a dit : Pardonnez; il a dit aussi : Oubliez!

— Suffit-il d'un pardon stérile, monsieur, d'un pardon renfermé en moi, qui me satisfasse, moi, et me procure la tranquillité en laissant souffrir celui à qui j'aurai pardonné!

— Que prétendez-vous alors?

— Ah! monsieur, avez-vous entendu Médard tout à l'heure? — *Ce n'est pas vous qui pouvez me faire sortir*, disait le malheureux à son père. Qui donc le pourrait? N'est-ce pas celle qui lui a lancé une malédiction implacable? Vous-même, ne l'avez-vous pas voué à l'exécration, cité au tribunal du souverain juge qui punit pour l'éternité? Ne voyez-vous pas qu'il désespère, écrasé sous ce double anathème? Ne sentez-vous pas qu'il attend?... Oui, monsieur, il attend que sa résignation, sa souffrance aient désarmé notre colère et que le pardon s'échappe de notre cœur, un pardon de chrétien et de frère, comme celui qui tomba de la croix divine sur les offenseurs et les meurtriers! Il en est temps encore, dans quelque mois il serait trop tard. Ah! monsieur, vous êtes le chef et le maître et l'honneur de cette maison, me voici à vos pieds, permettez-moi de vous demander grâce, permettez-moi de pardonner !

Gilbert la retint dans ses bras avant qu'elle eût touché la terre, il l'étreignit longtemps en silence et lui dit :

— Vous êtes une sainte femme, faites selon votre cœur.

Elle ne trouva pas un mot pour le remercier, ce fut vers Dieu qu'elle éleva son regard et sa reconnaissance.

Des voix s'étant fait entendre à ce moment sous le balcon, Gilbert se retira précipitamment pour aller rejoindre les convives, qui songeaient au départ. Marcelle ouvrit alors sa fenêtre, et, d'une voix assurée, dit adieu à ceux qui prenaient congé, et particulièrement à Médard, le plus galant et le plus communicatif de tous.

On entendait au loin, dans les champs et sur les chemins, la chanson des traqueurs égayés au retour par la chaleur du vin des Vertes-Feuilles. La gelée répercutait le bruit des pas ou des chutes signalées par des éclats de rire, et quelques torches de sapin erraient çà et là comme des lucioles dans la noire nuit.

XXVIII

Le lendemain, Bertrand voulut accompagner Médard au greffe du bailliage, où le bon de cinquante mille livres devait lui être délivré. Médard allait donc enfin être riche de par le testament de l'Estrigny ! Était-ce bien l'intention du testateur ?

Pendant l'absence du vicomte, Marcelle fit appeler Gilbert chez elle et lui demanda s'il n'avait pas changé d'avis depuis la veille. Gilbert répondit qu'il s'en rapportait plus que jamais à la vertu, à la délicatesse mêmes.

Alors Marcelle lui montra ce qu'elle avait écrit :

« Des Vertes-Feuilles, le 4 mars 178...

« Monsieur, vous vous êtes repenti, vous avez expié, il vous reste à réparer. Effacez le mal que vous avez fait par tout le bien que vous pourrez faire. Rentrez dans le monde, à qui vous devez votre travail, vos talents et le bon exemple. Soyez rendu à votre père, et celle qui vous pardonne priera Dieu de vous pardonner.

« Marcelle. »

Le vieux Gilbert, sans autre explication, écrivit lui-même l'adresse sur l'enveloppe.

— Nous devons, dit-il, rendre visite à l'archevêque; vous mettrez cette lettre à la poste à Montbrison.

Dix jours après, un matin que Marcelle revenait seule de Feurs, où elle avait été entendre la messe, un homme âgé, qui suivait depuis quelques instants le carrosse au tournant de la route qui monte fort à cet endroit, s'approcha de la portière en saluant. Marcelle crut que c'était un mendiant, et préparait son aumône, mais elle aperçut une lettre que cet homme déposait sur ses genoux.

Il lui sembla, malgré son trouble, qu'elle connaissait cette figure; lorsqu'elle voulut s'en assurer, l'homme avait disparu dans les osiers qui bordent le chemin.

La mémoire revint alors à la jeune femme. Ce messager, c'était Barbeau, le vieux valet de chambre qui avait élevé le fils du président.

Marcelle cacha la lettre sans l'ouvrir, et, sitôt qu'elle fut de retour au château, elle la porta au comte Gilbert en le priant de la décacheter lui-même.

— Mais cette lettre vous est adressée, dit le comte, qui examinait l'écriture avec défiance.

— C'est la réponse de M. Maurice de V***, répliqua-t-elle fermement, lisez.

« Madame, avait écrit Maurice, votre générosité me sauve du désespoir. Je vous remercie humblement, à mains jointes, de ce pardon que je n'espérais plus. Je m'en rendrai digne. Vous me forcez de vivre, je saurai vous forcer de m'estimer.

« De Lyon, ce 15 mars 178... »

— De Lyon! s'écria le comte, il est sorti, il est libre!

— Et moi aussi, alors, répondit Marcelle en parcourant ces lignes d'un regard brillant. Désormais vous n'aurez plus à me dire : Oublie. Soyez tranquille, mon père, c'est oublié!

En parlant ainsi elle jetait au feu la lettre, qui se se dissipa en fumée.

XXIX

A partir de ce jour il n'y eut plus, pendant quelques années, aux Vertes-Feuilles un seul événement qui mérite d'être raconté.

Mais Gilbert était bien vieux et bien fatigué. Sa goutte revenait plus fréquemment, sa fièvre indienne, après chaque visite, laissait des traces plus douloureuses et plus profondes; le grand événement de toute vie humaine, la fin, s'avançait visiblement pour lui. Le comte de la Blinais, l'intrépide compagnon de M. de Suffren, n'était pas un homme à qui la mort fût chose nouvelle, il l'avait trop de fois entrevue pour ne pas la reconnaître lorsqu'elle se présenterait.

Marcelle, qui sentait aussi lui échapper cette chère présence, ne quitta plus son père un seul moment. Appuyé sur ce bras, réchauffé sur ce cœur ardent, distrait par ce regard pur et tendre, le vieillard arriva au seuil sans secousse, sans tristesse, et le franchit sans s'en apercevoir.

Ce fut un jour de juin de l'année 1789, alors que le soleil est chaud, la brise odorante, et que les chênes dans toute leur fraîcheur se déploient sous le ciel bleu. Gilbert, assis près de sa fenêtre, regardait ce splendide spectacle. Il souriait à ses arbres bien-aimés. Marcelle avait sa main dans les deux mains de Gilbert, aux pieds duquel dormait l'enfant, las d'avoir joué. Par instants, Marcelle sentait les doigts du vieillard presser doucement les siens, et cette pression lui caressait le cœur comme une espérance. Mais bientôt, avertie par une étreinte plus étroite et plus longue, elle observa mieux. Le comte souriait toujours, il regardait encore, mais il ne voyait plus.

Dieu lui fit cette grâce de l'enlever avant qu'il pût voir le changement ou la ruine de tout ce qu'il avait aimé. Bertrand, affranchi de ses scrupules depuis qu'il était devenu maître des Vertes-Feuilles, réalisa enfin son rêve, et transforma les quinconces en massifs, les allées droites en courbes; il eut son jardin anglais avec des ponts, des cottages, un torrent et des rochers bâtis par un maçon. Trop heureux si le domaine n'eût eu à subir d'autres vicissitudes. Mais le temps vint où, selon la prédiction de Gilbert, trente millions d'ouvriers se mirent à remuer aussi de fond en comble le grand domaine de la France, et Bertrand vit arriver cette révolution qu'il avait tant souhaitée et son père tant redoutée.

Bertrand n'était plus jeune, au moins d'esprit. L'air de la mer et l'habitude du danger lui manquant, son corps profita paresseusement aux dépens de l'âme, qui laissait rouiller sa trempe. Au moment où l'action commença, Bertrand n'était plus en état, non pas de provoquer la lutte, mais même de la supporter. Il est vrai que les plus rudes gymnastes avaient bien de la peine à se tenir debout. Bertrand, si avancé en théories, fut promptement distancé par la terrible pratique de cette époque, et pour n'être pas entraîné au delà de son consentement, il essaya de se roidir. Il était trop tard ; Bertrand subit le sort de ceux qui se lancent dans le mouvement par utopie et non par tempérament : quiconque alors ne court pas est accusé de fuir, et Bertrand fut appelé rétrograde. C'était dangereux ; il fallut capituler, et les concessions commencèrent.

D'abord disparut la majestueuse futaie des Vertes-Feuilles, offerte en don à la nation, puis les taillis disparurent, donnés à la commune. Il vint un moment de crise où le domaine tout entier fut envahi par une population d'affamés qui jugeaient l'espace trop grand pour un seul homme. Bertrand ne sauva sa propriété qu'en changeant les Vertes-Feuilles en un champ de pommes de terre dont Marcelle distribua la récolte aux pauvres, et le propriétaire fut heureux d'en avoir sa part.

Pendant toutes ces épreuves, Marcelle, pleine de sens et de dévouement, assistait et soutenait le fils comme elle avait gardé le père. Inoffensive au dehors, vigoureuse au dedans, elle maintint. C'était le comble de la force et de la sagesse.

Parfois, lorsqu'elle voyait Bertrand revenir pâle et

inquiet de quelque assemblée orageuse, lorsqu'elle examinait à la dérobée ce corps pesant, apoplectique, plus vieux à quarante ans que Gilbert ne l'avait été à quatre-vingts, elle sentait comme un frisson d'épouvante et, se serrant près de son mari et de son fils, se faisait petite avec eux, pour que le malheur passât sans les apercevoir.

Médard, demeuré fidèle à ses amis des Vertes-Feuilles, thésaurisait pour n'être pas pris au dépourvu depuis que sa rente avait failli lui échapper par l'émigration du président de V***.

Le président n'avait pas attendu le fort de la tempête pour se mettre à l'abri. S'étant assuré, dès le début de la Révolution, quelques placements en Angleterre, il y avait entraîné, pour le sauver, son fils Maurice, homme éminent par le caractère et le talent, une de ces têtes altières qui se dressent trop haut pour qu'on ne les vise pas dans la mêlée. Maurice de V*** ne put abandonner son père et quitta la France avec lui. Leurs biens furent immédiatement confisqués.

A Londres, leurs ressources étaient bornées, et la rente du pauvre Médard eût couru les plus grands risques, mais Maurice opposa une volonté inébranlable aux remontrances de son père, et se soumit personnellement aux plus rigoureuses privations pour acquitter cette dette. Maurice de V*** avait tenu parole. Recherché des forts, adoré des faibles, estimé hautement, même de ses ennemis, tous le désignaient au plus brillant avenir. Son père était le seul qui lui reprochât quelque chose. Il n'avait jamais voulu se marier.

FIN

ÉMILE COLIN. — IMPRIMERIE DE LAGNY.

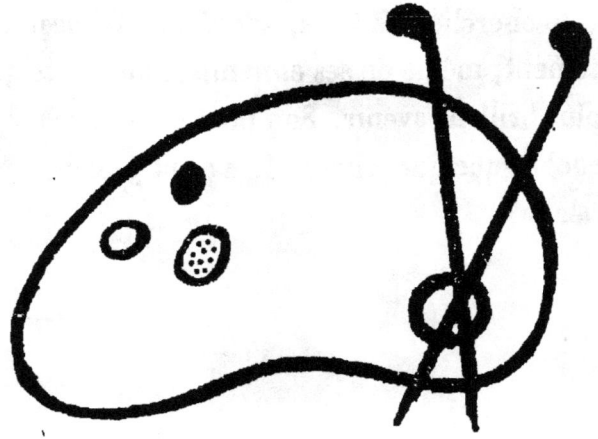

Original en couleur
NF Z 43-120-8

www.ingramcontent.com/pod-product-compliance
Lightning Source LLC
Chambersburg PA
CBHW060655170426
43199CB00012B/1800